Hvordan Du Bliver Penge

Arbejdsbog

ACCESS CONSCIOUSNESS®

"Alt i Livet Kommer til Os med Lethed, Glæde & Herlighed!™"

Med Gary M. Douglas

Hvordan du bliver penge

Copyright © 2015 Gary M. Douglas

ISBN: 978-1-63493-039-0

Forfatteren og udgiveren af bogen gør ikke noget krav eller giver garanti for nogen fysiske, mentale, følelsesmæssige, åndelige eller økonomiske resultater. Alle produkter, tjenester og oplysninger fra forfatteren er for generel uddannelse og underholdning alene. Oplysningerne heri er på ingen måde en erstatning for lægelig eller anden professionel rådgivning. I tilfælde af at du bruger en af oplysningerne i denne bog for dig selv, påtager forfatteren og forlæggeren sig intet ansvar for dine handlinger.

Udgivet af:

Access Consciousness Publishing, LLC

www.accessconsciousnesspublishing.com

Trykt i USA

ACCESS CONSCIOUSNESS®

"Alt i livet kommer til mig med LETHED & GLÆDE & HERLIGHED!®"

Indholdsfortegnelse

Introduktion

Gary Douglas (grundlæggeren af Access Consciousness®) kanaliserede oprindeligt denne information fra et væsen kaldet Raz. Gary kanaliserer ikke længere. Dette er en transskribering af et live kursus.

Access handler om at power dig til at vide, hvad du ved. Det handler om bevidsthed. Du er den, der ved, hvad der er det rigtige for dig.

Vær rar at bruge denne bog som et værktøj, til at facilitere de forrykte og begrænsede synspunkter du har, for at skabe mere lethed i dit liv og din livsførelse med mange flere penge og pengeflow.

For mere information om Access Consciousness® og for flere produkter og kurser om alle emner indenfor – forretning, penge, parforhold, sex, magi, kroppe med mere – besøg venligst vores hjemmeside. Gør og vær hvad der end kræves, for at skabe og generere DIT liv og din livsførelse, så det bliver mere, end du nogensinde fornemmede var muligt!

www.accessconsciousness.com

**TRANSKRIPTION AF ET LIVE KURSUS MED GARY DOUGLAS
HVOR HAN KANALISERER ET VÆSEN KALDET RAZ.**

Gary: Denne workshop om penge vil være en oplevelse for mig. Jeg ved ikke hvordan, det vil være for dig. Sørg for at i alle har jeres blyanter eller kuglepenne, hvad I end vil bruge, for I får meget at lave her i aften. Ud fra den smule Raz gav mig, vil der komme til at ske mange ting. Igen vil han bede dig om frivilligt at komme herop foran og være spejlet for andre mennesker her. Så, hvis du har et problem med det, så tag et tæppe over dig, så han ikke kan se dig. Og bliv ikke pinligt berørt over noget, der sker her, for virkeligheden er, at der ikke er en person herinde, der ikke har præcis det samme problem som dig, på den ene eller den anden måde. Det gør ingen forskel, om du har en milllion kroner eller 50 øre. Udfordringerne med penge er svære for alle. Okay? Så lad os komme i gang.

Spørgsmål Arbejdsbog

I aften vil vi snakke om, hvordan man ER penge. Det du er, er energi. Det du har været, er energi. Det penge er, er energi.

Besvar i aften de spørgsmål vi stiller, som dig selv, vær i bevidstheden om, at ærligheden af dine svar ikke relaterer sig til de folk, der er omkring dig, men til dig selv. Ethvert synspunkt du har skabt omkring penge, skaber begrænsninger og parametre, hvorfra du modtager det.

Alt hvad du skaber, skaber andre også. Vær totalt ærlig over for dig selv, ellers er du den eneste, du narrer; alle andre vil kende dine hemmeligheder alligevel.

Vi beder dig om at huske, at det emne vi nu behandler ikke er et emne, der anses for at være let, men det burde det være. Lethed er sjovt, det er en joke, du kan grine, det er okay. Så vær klar til at være de op-lyste væsener I er.

Hvis du virkelig ønsker dig resultater inden for det her, vil det være bedst, hvis du besvarer alle spørgsmålene i denne sektion, før du går videre til næste kapitel.

Rasputin: Hej

Deltagere: God aften, Rasputin.

R: Hvordan har I det? Så, denne aften skal vi snakke om det, der står jeres hjerter nærmest, hvilket er penge. Og det gælder for hver og en af jer, at pengene ikke er det problem, I tror det er, men vi vil arbejde med jer for at hjælpe jer med at begynde at lære, hvordan man omgås penge, ikke som en øjeblik til øjebliks situation, men som den tilladelse til overflod, der er sandheden af det selv, du er.

Så, vi starter nu. Vi stiller dig spørgsmålet: Hvad er penge? Og du skriver tre svar om, hvad penge er for dig. Nu skal du ikke skrive, hvad du tror, det skulle være, skriv ikke det "rigtige" svar, fordi et sådant findes ikke. Lad jeres hjerne flyde væk og tillad det, som er sandheden af hvor du er, være svaret på den side. Så, tre ting, som penge er for dig.

SPØRGSMÅL ET: Hvad er penge?

Svar 1: _____

_____

_____

_____

_____

Svar 2: _____

_____

_____

_____

Svar 3: _____

_____

_____

_____

Okay, er alle klar? Det andet spørgsmål er: Hvad betyder penge for dig? Skriv tre svar.

SPØRGSMÅL TO: Hvad betyder penge for dig?

Svar 1: _____

_____

_____

_____

_____

Svar 2: _____

_____

_____

_____

Svar 3: _____

_____

_____

_____

Tredje spørgsmål: Hvilke tre emotioner har du, når du tænker på penge?

SPØRGSMÅL TRE: Hvilke tre emotioner har du, når du tænker på penge?

Svar 1:
_____
_____
_____
_____
_____

Svar 2:
_____
_____
_____
_____

Svar 3:
_____
_____
_____
_____

Så, næste spørgsmål, spørgsmål nummer fire: Hvad føles penge som for dig?

SPØRGSMÅL FIRE: Hvad føles penge som for dig?

Svar 1:
_____
_____
_____
_____
_____

Svar 2:
_____
_____
_____
_____

Svar 3:
_____
_____
_____
_____

Næste spørgsmål: Hvordan ser penge ud for dig?

SPØRGSMÅL FEM: Hvordan ser penge ud for dig?

Svar 1:

_____

_____

_____

_____

_____

Svar 2:

_____

_____

_____

Svar 3:

_____

_____

_____

Er alle klar? Næste spørgsmål: Hvad smager penge af for dig? Mærk det i munden. Hvad smager det som? Nu har de fleste af jer ikke haft penge i munden, siden I var små børn, så I kan bruge det som et referencepunkt.

SPØRGSMÅL SEKS: Hvad smager penge af for dig?

Svar 1: _____

_____

_____

_____

_____

Svar 2: _____

_____

_____

_____

Svar 3: _____

_____

_____

_____

Næste spørgsmål, er alle parate? Næste spørgsmål er: Når du ser penge komme imod dig, hvilken retning mærker du dem så komme fra? Fra højre, fra venstre, bagfra, forfra oppefra, nedefra, alle vegne fra? Hvor ser du det komme fra?

SPØRGSMÅL SYV: Når du ser penge komme imod dig, hvilken retning mærker du dem så komme fra?

Svar 1:
_____
_____
_____
_____
_____

Svar 2:
_____
_____
_____

Svar 3:
_____
_____
_____

Ok, næste spørgsmål: I forhold til penge, føler du så, at du har flere, end du har brug for eller færre end du har brug for?

SPØRGSMÅL OTTE: I forhold til penge, føler du så, at du har mere, end du har brug for, eller mindre end du har brug for?

Svar 1:
_____
_____
_____
_____

Svar 2:
_____
_____
_____

Svar 3:
_____
_____
_____

Næste: I forhold til penge, når du lukker dine øjne, hvilken farve har de så og hvor mange dimensioner har de?

SPØRGSMÅL NI: I forhold til penge, når du lukker dine øjne, hvilken farve har de så og hvor mange dimensioner har de?

Svar 1:
_____
_____
_____
_____
_____

Svar 2:
_____
_____
_____
_____

Svar 3:
_____
_____
_____
_____

SPØRGSMÅL TI: I forhold til penge, hvad er så nemmest, indstrømning eller udstrømning?

Svar 1:
_____
_____
_____
_____
_____

Svar 2:
_____
_____
_____
_____

Svar 3:
_____
_____
_____
_____

Næste spørgsmål: Hvad er dine tre værste problemer med penge?

SPØRGSMÅL ELLEVE: Hvad er dine tre værste problemer med penge?

Svar 1:
_____
_____
_____
_____
_____

Svar 2:
_____
_____
_____
_____

Svar 3:
_____
_____
_____
_____

Næste spørgsmål: Hvad har du mest af, penge eller gæld?

SPØRGSMÅL TOLV: Hvad har du mest af, penge eller gæld?

Svar 1: _____

_____

_____

_____

_____

Vi vil give dig et spørgsmål mere: I forhold til penge, for at have overskud af penge i dit liv, hvilke tre ting ville så være en løsning på din nuværende økonomiske situation?

SPØRGSMÅL TRETTEN: I forhold til penge, for at have et overskud af penge i dit liv, hvilke tre ting ville så være en løsning på din nuværende økonomiske situation?

Svar 1:

_____

_____

_____

_____

Svar 2:

_____

_____

_____

Svar 3:

_____

_____

_____

_____

Ok, har alle fundet deres svar? Er der nogen, der ikke har "fået" svar? Ok, så gå tilbage til begyndelsen af dine sider, læs spørgsmålene igennem og spørg dig selv, om du har været fuldstændigt ærlig med dine svar og om det er dem, du gerne vil have stående på din side. Hvis ikke, så lav dem om.

Kig på dine svar og afgør, om du har kreeret dem i ærlighed, ærlighed med dig selv. Der findes ingen korrekte svar, der findes ingen forkerte svar, der er kun synspunkter. Og de er de begrænsninger, du har skabt dit liv ud fra. Hvis du fungerer ud fra, hvad der er det kosmiske korrekte svar, er du ikke sandfærdig over for dig selv, for hvis du var det, ville dit liv være helt anderledes.

Hvad er penge? For nogen er penge biler, for nogen er penge huse, for nogen er penge sikkerhed, for nogen er penge en udveksling af energi. Men, er det de ting? Nej, det er det ikke. Det er energi, ligesom du er energi. Der er ingen forskel mellem dig og penge bortset fra de synspunkter, du giver dem. Og du giver dem de synspunkter, fordi du har købt de synspunkter fra andre.

Hvis du ville forandre det, der er din finansielle situation, hvis du ville forandre det, der er penge i dit liv, må du lære at være i allowance (tilladelse) af alle ting. Men særligt, når du hører et synspunkt blive leveret til dig, skal du se på det og se om det er sandt for dig. Hvis det er sandt for dig, har du lavet en overensstemmelse eller aftale og du har gjort det massivt – (ikke flydende). Hvis det ikke er sandt for dig, har du enten modstand eller du reagerer på det og du har gjort det massivt. Selv dine egne synspunkter kræver intet samtykke, de behøver kun at være interessante synspunkter.

Hvad du er, hvad du gerne vil have, skal du VÆRE. Det, du ikke har i dig selv, kan du ikke få overhovedet. Hvis du ser penge som værende uden for dig, kan du ikke få dem. Hvis du ser penge nogen som helst steder udover inden i dig selv, vil du aldrig have dem overhovedet og der vil aldrig være nok set fra dit synspunkt.

$$\$$$

KAPITEL ET

Hvad er penge?

Rasputin: Ok, så er alle klar? Er I færdige? Er I tilfredse med jeres svar? Ok. Så nu begynder vi at snakke om penge. Til en start, har I nu alle en forståelse ud fra det, I har skrevet ned på jeres side om jeres egne synspunkter om penge. Du ser dit liv ligesom den økonomiske situation du er i, du køber det synspunkt, at dit liv er, hvad du har lige nu som din økonomiske virkelighed. Interessant synspunkt.

Nu taler vi, som vi har gjort mange gange, om forskellen mellem "allowance" og accept. Allowance: Du er stenen i bækken og enhver tanke, idé, overbevisning eller beslutning, der kommer imod dig, bevæger sig omkring dig og videre, hvis du er stenen i bækken og du er i "allowance". Hvis du er i accept, kommer alle ideer, tanker, overbevisninger, beslutninger imod dig og du bliver en del af strømmen og du bliver skyllet væk.

Accept har tre komponenter: tilpasning eller enighed, som gør det massivt, modstand, der gør det massivt og reaktion, der gør det massivt. Hvordan ser det ud i det virkelige liv? Hmm, hvis din ven siger til dig, "Der er bare ikke penge nok penge i verden". Hvis du tilpasser dig og indvilliger i det, siger du "Ja, du har ret" og du gør det massivt i hans liv og i dit eget. Hvis du gør modstand, tænker du, "Denne her fyr vil have penge af mig", og du gør det massivt i hans liv og i dit eget. Hvis du reagerer imod det, siger du, "Altså, jeg har rigeligt med penge i mit liv, jeg ved ikke, hvad der er galt med dig", eller du siger, "Det er ikke sådan, det kommer til at gå for mig", og du har købt det, du har betalt for det og taget det med hjem i en pose og du har gjort det massivt for dig selv.

Hvis din ven siger til dig, "Der er ikke penge nok i verden" er det bare et interessant synspunkt. Hver gang du hører information om penge, skal du med det samme anerkende, at det bare er et interessant synspunkt; det behøver ikke at være din virkelighed, det behøver ikke at være det, der sker.

21

Hvis du synes, det er nemmere at låne end at betale tilbage, så har du gjort det massivt og du har skabt en kontinuerlig gæld. Det er kun et interessant synspunkt.

Hvad er penge? Tja, nogen af jer mener, penge er guld, nogen af jer mener, penge er biler, nogen af jer mener at penge er huse, nogen af jer mener, penge er energiudveksling. Læg mærke til at hvert af (power) disse synspunkter er massive. Penge er kun energi. Der er intet i verden, intet, der ikke er energi.

Hvis I kigger på jeres liv og I tænker, at I ikke har nok penge, siger I i virkeligheden til de engle, der sidder hos jer, som hjælper jer, I fortæller dem, at I ikke har brug for ekstra penge, I har ikke brug for energi. I sandhed har I ikke brug for, I ER energi og I har ikke nogen begrænset forsyning af det hele. I har mere end nok energi til at gøre alt det, I har lyst til i jeres liv, men I vælger ikke at skabe jer selv som energi, som power.

Hvad er magt for dig? For de fleste af jer handler magt om at overvælde en anden, eller om at kontrollere dit liv eller at opsætte kontrol i dit liv eller at kontrollere din økonomiske virkelighed. Interessant synspunkt, hva'?

Økonomisk skæbne, hvad er det? Det er et mærkeligt program, det er hvad det er, et skæbneprogram. Hver gang du siger, "Jeg er nødt til at have et program til finansiel frihed", siger du til dig selv at du, personligt, ingen frihed har. Og derfor, har du totalt set begrænset dine valg og hvad du oplever.

Vi vil bede jer alle om lige nu at lukke øjnene og begynde at trække energi fra forsiden af jer selv, træk det ind i hver eneste pore i din krop. Indånd det ikke, bare træk det ind. Godt, og træk nu energien fra bagsiden af dig – fra alle steder. Og træk det nu ind fra siderne af dig og træk det nu ind nedefra. Læg mærke til at der er rigeligt med energi til rådighed for dig, når du trækker det ind. Forvandel det nu til penge. Læg mærke til, hvordan de fleste af jer pludselig gjorde det meget "tæt" og tungt. Det var ikke længere energi, du trak ind. Det var noget meget vigtigt. Du har købt ind i ideen, at penge er signifikante og vigtige og derfor har du gjort det massivt. Du har tilpasset dig aftalen med resten af verden, at det er sådan, det fungerer, at det kører på energi. Verden fungerer ikke på penge, den fungerer på energi. Verden betaler med møntfoden energi og hvis du giver og modtager penge som energi, vil du have overflod.

Men for de fleste af jer, er tilstrømning af energi kategorien, det er ideen. Træk energi igen ind i hele din krop, træk den ind, træk den ind. Kan du holde fast i den? Ser det ud til at den bygger sig op og blive mere og mere? Stopper den med dig? Nej, du er bare energi og den retning du retter din opmærksomhed i er den måde, du skaber energi. Penge er det samme.

Altså, alt i verden er energi. Der er ikke noget sted, du ikke kan modtage fra. Du kan modtage energi fra hundelorten på jorden, fra tisset i sneen eller du kan mærke det fra bilen eller taxa chaufføren. Sådan, kan du mærke det hele? Du modtager energi alle steder fra. Tag så og lad energi flyde til taxa chaufføren ude foran dig og mod taxa chaufføren, en hvilken som helst taxa chauffør kan bruges. Flyd mere, mere, mere, mere, mere, mere, mere. Mærk nu energien, der trækker på bagsiden af dig. Begrænser du mængden af energi, der kommer ind fra bagsiden?

Hvor kommer penge fra? Hvis du ser det kommende fra højre eller venstre, ser du, at dit liv handler om at arbejde, fordi det er den eneste måde, du kan få penge på. Hvis du ser det komme forfra, ser du, at det tilhører fremtiden. Og hvis du ser det kommende bagfra, ser du, at det kommer fra det, der er fortiden. Og det er det eneste sted, du havde penge. Dit liv handler om, "Jeg havde penge, nu har jeg ingen, så jeg er meget ynkelig". Ikke virkelighed, bare et interessant synspunkt.

Så, når du lader penge flyde til, gør du det så fra dit hjertechakra, dit rodchakra, dit kronechakra, hvor strømmer du det fra? Du lader det strømme til alle steder fra, helheden af dit væsen og så tilstrømmer det fra totaliteten af dit væsen.

Hvis du ser penge komme fra toppen af dig, så tror du, at Skaberen skal forsyne dig med penge. Skaberen forsyner dig med energi, energi til at skabe hvad som helst, du beslutter dig for at skabe. Hvad gør du, hvad gør du for at skabe penge? Først og fremmest skal du blive power. Power er ikke at sidde oven på en anden, power er ikke at kontrollere. power er energi... ubegrænset, ekspansiv, voksende, storslået, glorværdig, fantastisk, overstrømmende og hurtig energi. Der er ingen formindskelse af selvet i power og der er ingen formindskelse af andre. Når du ER power, er du i helheden – selvet! Og når du er SELVET, er du energi og som energi er alt forbundet til dig, hvilket betyder, at uendelige forsyninger af penge også er tilknyttet.

Så, du bliver power og for at gøre det, siger du ti gange hver morgen "Jeg er power". Og om aftenen siger du ti gange, "Jeg er power". Hvad skal du ellers være? Kreativitet. "Jeg er kreativitet". Hvad er kreativitet? Kreativitet er visionen for dit liv og det arbejde, du ønsker at gøre som essensen af dig, som sjælens energi. Alt hvad du gør, er gjort som kreativitet, uanset om du fejer gulvet, gør toiletter rene, vasker vinduer, vasker op, laver mad, udskriver checks, udført som kreativitet forbundet til power er lig med energi og resulterer i penge, fordi de så alle er det samme.

Det næste element du skal have er bevidsthed. Hvad er bevidsthed? Bevidsthed er anerkendelsen af, at alt, alt hvad du tænker, bliver skabt. Det er manifesteret. Det er hvordan dit liv viser sig alene ved dine tanker.

Hvis du har det kreative billede af, hvor du er på vej hen og hvad du vil gøre og du kobler det sammen med bevidsthed, er det en færdig aftale, det vil manifestere sig. Men det du gør på dette plan er, at du tilføjer elementet af tid – tid! Tiden er din dræber, for hvis du ikke manifesterer en million kroner i morgen, efter at have afsluttet kurset i aften, vil du beslutte, at det er et værdiløst kursus og du vil glemme alt, hvad du har lært.

Så, hvordan redegør du for tid? Ved at være kontrol. "Jeg er kontrol".

Hvad vil det sige at være "Jeg er kontrol"? "Jeg er kontrol" er den opfattelse, at til det korrekte tidspunkt, på den korrekte måde, uden at du definerer vejen, det du ser for dig som kreativitet, det du er bevidst om som en afslutning, det du forbandt dig til som powern af det, som energien af det, det er en færdig aftale i sin egen tid, i sin egen ramme. Og, hvis du sætter disse fire komponenter sammen og du lader universet justere alle aspekter af det, fintune verden til at blive din slave, vil du manifestere præcist det, du ønsker.

Lad os nu snakke om lyst et øjeblik. Lyst er den emotion, hvorfra du beslutter at skabe. Er det virkelig? Nej, det er kun et interessant synspunkt. Hvis du har lyst til tøj, gør du det så af en årsag eller fordi du fryser eller fordi du har det varmt eller fordi du har slidt dine sko? Nej, du gør det ikke derfor, du gør det af mange andre årsager. Fordi nogen har sagt til dig, at du ser godt ud i den farve eller fordi en eller anden sagde, de har set dig en gang for meget i den skjorte eller fordi de synes……………….(Latter). Ja, vi er glade for, at du endelig løsner lidt op her. (Latter).

Ok, så lyst er det sted hvor du fører dine emotionelle behov ind i en insisteren på, at det er virkelighed. Du, som væsen, du som energi, du som power, du som kreativitet, du som bevidsthed og du som kontrol, har ikke nogen lyst overhovedet, ingen, ingen lyst. Du er ligeglad med, hvad du oplever, du vælger bare at opleve. Men hvad du ikke vælger er lethed på dette plan. Du vælger det ikke, fordi det ville betyde, at du skal være power, fordi det betyder, at du er nødt til at manifestere fred, rolighed, glæde, latter og herlighed på denne jord, Ikke kun for jer selv, men for alle andre.

Du vælger fra begrænsningen af selvet. Hvis du bliver den power, som du virkelig er, er det, der kræves af dig, at du lever i glæde, lethed og herlighed.

Herlighed er et overstrømmende udtryk af liv og overflod i alle ting.

Hvad er overfloden i alle ting? Overflod i alle ting er den forståelse og virkelighed, at du er forbundet til hvert eneste væsen på dette plan, til hvert eneste molekyle på dette plan og at hvert eneste af dem er der til støtte for dig og den energi og power du er. Hvis du fungerer som noget som helst mindre end det, noget som helst mindre, er du bare et skvat.

Fra det, der er en svækkelse af finansiel usikkerhed, skaber du dig selv som lille, ude af stand til og endnu mere end det, som uvillig. Uvillig til at tage udfordringen op om hvem du virkelig er, fordi du er power, du er kontrol, du er bevidsthed og du er kreativitet. Og disse fire elementer skaber din overflod. Så, bliv dem, brug dem hver eneste dag i resten af dit liv eller indtil du kan blive dem selv. Og du kan tilføje en ting mere og du kan sige, "Jeg er penge,

Jeg er penge". Ok, så nu vil vi bede jer alle sammen sige sammen med os, I følger med os og vi vil lave nogle "Jeg er 'er". Ok? Så starter vi:

Jeg er power, Jeg er bevidsthed, Jeg er kontrol, Jeg er kreativitet, Jeg er penge, Jeg er kontrol, Jeg er power, Jeg er bevidsthed, Jeg er kreativitet, Jeg er power, Jeg er bevidsthed, Jeg er kontrol, Jeg er kreativitet, Jeg er penge, Jeg er bevidsthed, Jeg er power, Jeg er kontrol, Jeg er bevidsthed, Jeg er power, Jeg er kontrol, Jeg er penge, Jeg er kreativitet, Jeg er glæde. Godt.

Mærk din energi nu og mærk den ekspansion du mærker af din energi. Det er sandheden af dig og det er det sted hvorfra du skaber et flow af penge. Tendensen hos hver af jer er, at trække jer selv ind i det lille herredømme, som I kalder jeres krop, og tænke. Stop med at tænke. Hjernen er et ubrugeligt redskab for jer. Smid hjernen væk og begynd at fungere som det sande selv, din power, din ekspansion. Vær det i helheden. Træk jer selv ind i jeres økonomiske virkelighed. Føles det godt?

Deltager: Nej

R: Ok, så hvordan kan det være, du vælger at leve der? Hvilken begrænsende overbevisning fungerer du fra? Skriv det ned.

Hvilken begrænsende overbevisning fungerer du ud fra i livet, som har skabt din økonomiske virkelighed?

Svar:_____

_____

_____

_____

Du forbliver ekspanderet som power nu og kigger på den økonomiske virkelighed, som du har skabt inden i dig selv, ikke som en virkelighed, men som et rum hvorfra du skaber din virkelighed. Hvilken begrænsende overbevisning er du nødt til at have indeni for at kunne fungere på den måde? Træk jer ikke tilbage ind i kroppen. Vi kan mærke, at I gør det. Rør ved rummet, vær ikke i det. Tak, sådan. Ekspander derud, ja, sådan. Træk jer ikke tilbage i det rum. I gør det igen, flyt jer ud.

Jeg er power, Jeg er bevidsthed, Jeg er kontrol, Jeg er kreativitet, Jeg er penge, Jeg er power, Jeg er kontrol, Jeg er kreativitet, Jeg er penge, Jeg er power, Jeg er kontrol, Jeg er kreativitet, Jeg er penge, Jeg er power, Jeg er kontrol, Jeg er kreativitet, Jeg er penge, Jeg er bevidsthed, Jeg er bevidsthed, Jeg er bevidsthed. Sådan, tak.

Altså, I er ude af jeres kroppe. I vælger at formindske jer selv til størrelsen på jeres krop, så vælger I en begrænsning omkring, hvad I kan modtage, fordi I tror, at det kun er jeres krop, der modtager energien fra penge, hvilket ikke er sandt. Det er den løgn, I fungerer ud fra. Ok, nu er I mere ekspanderede? Ok, nu da I har kigget på den, er alle kommet op med et svar? Hvem har ikke et svar?

D: Det har jeg ikke.
R: Ok. Du har ikke et svar? Så lad os kigge på det. Hvad anser du din økonomiske situation for at være? Mærk det i din krop – hvor sidder det?
D: I mine øjne.
R: Dine øjne? Din økonomiske situation er her, så du kan ikke se, hvad det er, du skaber, hva'?
D: Ja, det er rigtigt.
R: Så er der bevidsthed i dine øjne? Åh, interessant. Du begynder nu at bevæge dig ud, kan du mærke det? Ja, du begynder at bevæge dig ud. Den begrænsende overbevisning, som du fungerer udfra er, "Jeg har ikke den forudseenhed, der er nødvendig for at vide, hvad der vil ske og hvordan jeg kan kontrollere det". Sandt?
D: Ja.
R: Godt. Så hvordan får du dig selv ud af denne overbevisning? Har alle I andre fat på den begrænsende overbevisning, I fungerer fra? Hvem har ellers brug for et bidrag her? Hvem har brug for hjælp?
D: Det har jeg.
R: Ja? Så hvad er din økonomiske situation og hvor mærker du det i din krop?
D: I mit solar plexus og min hals.
R: Ja, ok. Så hvad er det der, solar plexus og hals? Gå ind i det, mærk helheden, mærk det, ja, der, lige der. Ok, du mærker, at det bliver tungere og tungere. Ja, mere og mere og mere af den økonomiske situation er det, hvilket er præcist sådan, som du føler, når du går ind i din økonomisk klemte situation, ikke? Ok,

så vend det om nu og få det til at gå i den anden retning. Der, kan du mærke det? Det ændrer sig nu, gør det ikke?

D: Uh ha.

R: Din økonomiske overvejelse er, at du ikke har powern eller stemmen til at tale din sandhed, at få ting til at ske.

D: Ja.

R: Ja, præcist sådan. Godt. Ser du. For hver af jer, nu forstår I metoden. Det er sådan I griber det an med at vende effekten, I har skabt i kroppen, i jeres egen verden. Der hvor du mærker dine økonomiske begrænsninger, vender du dem om og tillader dem at komme ud af dig og at være uden for dig, ikke indeni dig. Ikke at være en del af dig, men som et interessant synspunkt, ja bestemt. For derude har du et synspunkt. Du kan se det. Og det du fungerer som, som begrænset af din krop, skaber du også som en begrænsning af din sjæl. Er der nogen, der føler sig lidt svimle lige nu? Er der nogen?

D: Det gør jeg.

R: Lettere svimmel, her? Okay. Så, lettere svimmel? Hvorfor er du svimmel? Er det ikke der, hvor du har overvejelser omkring penge? At de sådan får dig til at flippe lidt ud, du ved ikke helt, hvordan du skal håndtere dem? Placer svimmelheden uden for dit hoved. Åh, mærk det, mærk det. Nu er du ekspansion. Du ser det ikke længere som en ting, der er ude af kontrol i dit hoved. Der findes ikke noget ude af kontrol. Det er totalt vrøvl! De eneste ting, der kontrollerer dig, er de røde lys, som du fungerer ud fra og de grønne lys, der giver dig besked om at sætte i gang og det er når du kører bil. Hvorfor skulle du følge de grønne lys og de røde lys, når du er i din krop? Pavloviansk træning? Så, nu beder vi dig om at gå tilbage til dine oprindelige spørgsmål. Det første spørgsmål er hvad?

D: Hvad er penge?

R: Hvad er penge? Hvad er penge for dig? Svarene.

D: Mit første svar var power. Mit andet svar var mobilitet, tredje var vækst.

R: Godt. Så hvilke af dem er sande?

D: Powern.

R: Virkelig?

D: Power, det er fuldstændig sandt.

R: Er det virkelig sandt? Du synes at penge er power? Har du nogen penge?

D: Nej

R: Så du har ingen power?

28

D: Korrekt

R: Er det sådan du føler? Powerløs? Hvor føler du dig så powerløs?

D: Når du siger det sådan, mærker jeg det direkte i mit solar plexus.

R: Ja, så hvad gør du? Vend det udad.

D: Men ved du hvad, da jeg mærkede pengene, mærkede jeg det i mit hjerte og når jeg skal gøre noget, hvor jeg føler……..

R: Ja, fordi det her handler om power, problemet med power mærker du i dit solar plexus. Du har solgt din power og foræret den væk. Du skal have vendt det flow. Poweren er din, du er power. Du skaber ikke power, du er det. Mærk, der? Når du vender det ud, begynder du igen at ekspandere, gå ikke ind i hovedet, tænk ikke på det, mærk det! Ja, der – skub den power ud. Hvad betyder det mon nu? For alle jer er virkeligheden, at når I har penge som en power og I mærker den trække ind, forsøger I at skabe power og som sådan, har I allerede antaget, at I ingen har, det er den grundlæggende antagelse. Alt hvad der låser din opmærksomhed har sandheden med en løgn hæftet på.

D: Kan du sige det igen, tak?

R: Er der noget, der låser din opmærksomhed omkring power?

D: Ja

R: Når du mærker power som noget, der kommer ind i dig, har du allerede antaget, at du ingen har. Du har antaget. Hvad gør det for dig? Det gør dig mindre. Skab ikke udfra antagelse, den antagelse at penge er power – mærk det. Penge som power – er det massivt eller er det bare et interessant synspunkt? Du gør det til det, hvis penge er power, mærk energien af det. Det er massivt, er det ikke? Kan du fungere som energi og samtidig være massiv? Nej, fordi det er det sted, hvor du laver den kasse, du bor i og det er der, I alle er fanget lige nu! I ideen om at penge er power. Dit næste svar?

D: Mit næste svar var mobilitet.

R: Mobilitet?

D: Ja.

R: Penge muliggør at du kan flytte dig, hva'?

D: Ja.

R: Virkelig? Du har ingen penge, men du har klaret at komme fra Pennsylvania til New York.

D: Hmm, hvis du udtrykker det på den måde….

R: Gjorde du?

D: Ja.

R: Og hvor meget energi har du fået her, der har forandret dig?

D: Åh, meget mere end det krævede at komme hertil. Er det det, du mener?

R: Ja, det er et interessant synspunkt, er det ikke? Så hvilken vej strømmer du, mere ud end ind?

D: Åh, fra det synspunkt mere ind.

R: Godt. Men ser du, du tror altid, at du formindsker dig selv, fordi du får energi, men du ser ikke penge som energi, der også kan komme ind. Du tillader energi med stor glæde, gør du ikke?

D: Jo.

R: Med stor entusiasme?

D: Ja.

R: Herlighed, som man siger. Mærk nu herligheden af den energi, den energi du har mærket de sidste dage. Kan du mærke det?

D: Ja.

R: Lav det hele om til penge. Wow, for en hvirvelvind det ville være, hva'?

D: (Latter).

R: Så, hvordan kan det være, at du ikke tillader det at være i dit liv resten af tiden? Fordi du ikke er villig til at lade dig selv modtage. Fordi antagelsen er at du har brug for noget. Hvad føles "brug for" som?

D: Det føles ikke godt.

R: Føles massivt, hva'? Det er låget på din kasse. *Brug for,* det er et af de mest beskidte ord i dit sprog. Smid det ud! Tag det, lige nu, skriv det ned på et separat stykke papir. Skriv "brug for"! Riv det ud af din bog og riv det i stykker! Nu skal du lægge stykkerne i din lomme, ellers har D et problem (en anden deltager). (Latter) Godt! Hvordan føles det?

D: Godt.

R: Føles godt, hva'? Ja, ok – så hver gang du bruger ordet *"brug for"*, skriver du det ned og river det over, indtil det er slettet fra dit ordforråd.

D: Må jeg stille dig et spørgsmål?

R: Ja, er der spørgsmål?

D: Ja, sådan da........ Jeg tænkte tidligere, at du forklarede, at ordene *power, energi* og *bevidsthed* var "udskiftelige".

R: Ikke helt. Hvis du gør dem signifikante, har du gjort dem massive. Du skal bevare dem som energiflow. Power er energi, bevidsthed er energi, at vide med absolut sikkerhed, ingen tvivl, ingen reservation. Hvis du tænker, "Jeg får en million i næste uge", og du indeni hører en lille stemme sige, "Skal vi vædde"? eller den der siger, "Hvordan vil du gøre det? " eller "Åh, Gud, jeg kan ikke fatte, at jeg har lavet sådan et kommittent! " så har du allerede modsagt dine intentioner i en sådan grad, at det ikke kan finde sted i den tidsramme, du har skabt for det, hvilket er et kontrol problem.

Hvis du siger, "Jeg vil gerne have en million kroner i banken", og du ved at du vil gøre det og du ikke tilføjer tidsfaktoren i det, fordi du har kontrollen til at styre dine tankeprocesser og hver gang du har en tanke, der er en mod-intention, tænker du, "Åh, interessant synspunkt", og sletter det, så kan det ske meget hurtigere. Hver gang du har en tanke, du ikke sletter, forlænger du tidsperioden, indtil det ikke kan eksistere.

Du skræller af det. Ser du, hvis du betragter det ud fra et grundlæggende formål, lad os sige, at du har denne golf tee, ok, og pointen er her, at du lægger en million kroners idé på toppen af den pointe, så hver gang du siger noget, tænker noget negativt om det, du har besluttet dig for at skabe, skræller du af grundlaget, indtil det vælter omkuld og falder væk. Og så eksisterer det ikke længere. Og så skaber du det igen og du beslutter det igen, men du er nødt til igen kontinuerligt at skrælle af det. Balancen i det punkt – du skal finde punktet og beholde det der som en viden, som en virkelighed, allerede eksisterer.Og på et eller andet tidspunkt i din tidsramme, vil du indhente det, du har skabt. Kun der opnår du det, har du det, er det dit. Ok, vi går tilbage til dit svar nummer to, mobilitet. Hvad er mobilitet? At flytte din krop omkring?
D: Mmm, jeg mente det på den måde.
R: Du mente det, som at bevæge kroppen omkring eller mente du det som frihed?
D: Mmm, begge dele.
R: Begge?
D: Ja.
R: Ok, igen, antagelsen er, at du ikke har det. Læg mærke til dine antagelser, der er de negative synspunkter, *der ikke tillader dig, ikke tillader dig* at modtage det, du ønsker dig i dit liv. Hvis du siger, jeg har brug for eller ønsker frihed, har du automatisk skabt det synspunkt, at du ikke har nogen frihed. Det er hverken power eller bevidsthed eller kontrol eller kreativitet. Altså, det er en slags kreativitet. Du har skabt det og gjort det til virkelighed, som du

fungerer ud fra. Bevidsthed er en proces, hvori du skaber dit liv, ikke ved antagelse. Du kan ikke fungere ved hjælp af antagelse, et lille bogstavrim, tid til at skrive et af vores egne digte. Ok, nu dit tredje svar.

D: Det tredje, åh altså, vækst.

R: Åh, du er ikke vokset de sidste 20 år?

D: Altså, vækst, jeg havde den idé, at jeg har brug for at rejse for at …

R: Hvad sagde du?

D: Jeg vil gerne være i stand til at rejse …

R: Hvad sagde du?

D: Jeg sagde, jeg vil gerne – åh, jeg sagde, jeg "har brug for".

R: Ja, skriv det ned og riv det over. (Latter). Du må hellere lave mindre stykker papir.

D: Ja, det har du nok ret i. Ja, jeg vil gerne være i stand til at rejse rundt, når jeg hører om spændende workshops, hvor jeg kan lære noget.

R: Interessant synspunkt. Hvad er det automatiske synspunkt, antagelsen, du fungerer ud fra? "At jeg ikke har råd til det". "At jeg ikke har penge nok. "Mærk din energi. Mærk din energi, hvordan føles den?

D: Den føles meget ekspanderet lige nu.

R: Godt. Men når du siger det, hvordan føles det så?

D: Når jeg siger det?

R: Ja. Når du antager, at du ikke har nok penge.

D: Åh, det føles begrænset, det føles …

R: Godt. Så, skal du stadig fungere fra dette sted?

D: Forhåbentlig ikke.

R: Forhåbentlig ikke? Interessant synspunkt.

D: Det er det bestemt.

R: Bevidsthed, bevidsthed, hver gang du har det sådan, så vågn op!!

Når du har det sådan, er du ikke længere tro mod dig selv. Du er ikke længere power, bevidsthed, kontrol, kreativitet eller penge. Godt, så er der nogen, der har nogen synspunkter om hvad penge er for jer og som kunne tænke jer at få lidt klarhed omkring det synspunkt, I har antaget?

D: Ja.

R: Ja?

D: Mit første var kosmisk brændstof.

R: Kosmisk brændstof? Er det hvad du virkelig tror og hvad er antagelsen bag det? At du ikke har noget kosmisk brændstof? Antagelsen bag er, at du ikke har noget kosmisk brændstof. At du ikke er forbundet til kosmos eller at du ikke er bevidst. Er nogen af de ting sande?

D: Nej.

R: Nej, det er de ikke. Så, funger ikke ud fra den antagelse, funger ud fra virkeligheden. Du har kosmisk brændstof, masser, masser, overflod. Ja, på den måde. Er du med? Du har et andet synspunkt, du gerne vil spørge om?

D: Ja, jeg havde en "pengepude" til at overleve med.

R: Åh, meget interessant synspunkt, vi gætter, på at der er omkring seks eller syv andre, som måske har det samme synspunkt. Så, hvad er den antagelse, du fungerer ud fra? Der er faktisk tre med det her særlige synspunkt. Kig på dem, hvad ser du, hvad antager du der? Nummer et er, at du antager, at du vil overleve eller at du skal overleve. Hvor mange milliarder år gammel er du?

D: Seks

R: Mindst. Så du har allerede overlevet seks milliarder år. Hvor mange af de livstider, har du været i stand til at bringe din pude med dig? (Latter) Hvad?

D: I dem alle sammen.

R: Du har taget pengepuden med dig i alle disse livstider, overlevelsespuden?

D: Ja.

R: Når du taler om overlevelse, taler du om din krop, du antager, at du er en krop og at den kun kan overleve med penge. Hold op med at trække vejret og ånd energi ind i dit solar plexus, sug ikke en stor mængde luft ind for at gøre det. Bemærk at du kan tage tre eller fire indåndinger af energi, før du føler trang til at trække vejret og din krop føles energirig. Ja, sådan. Nu kan du ånde, ånde energi ind mens du indånder luft. Det er sådan, du bliver energi og penge, du trækker energi ind med hvert eneste åndedrag, du tager, du indånder penge med hvert eneste åndedrag du tager; der er ingen forskel mellem dig og penge. Ok. Er du med på det nu? Forklarer det det?

D: Forstår jeg det?

R: Forstår du nu, hvordan man fungerer og hvilken antagelse, du har her?

D: Ja.

R: Ok, og har du brug for det mere?

D: Nej.

R: Godt. Så, hvad kan du gøre med det? Forandre det, I kan alle forandre de ting, fjerne antagelsen og skabe et nyt synspunkt som power, som energi, som kontrol, som penge. Hvilket synspunkt ville du have?

D: At jeg er power, at jeg er energi.

R: Præcist sådan og det er du, ikke? Og har du altid været det? Sikke et interessant synspunkt. Ok, så det næste spørgsmål, hvem har lyst til at være frivillig til det?

D: Du sagde, der var tre antagelser omkring hans pude.

R: Ja.

D: Vi fik kun en, gjorde vi ikke?

R: I fik to.

D: To? Skal overleve.

R: Jeg vil overleve, jeg skal overleve, jeg kan ikke overleve.

D: Okay.

R: Og hvad er den tredje? Tænk over det. Jeg er ikke villig til at overleve. Det uudtalte synspunkt.

KAPITEL TO

Hvad betyder penge for dig?

Rasputin: Vær rar at læse det andet spørgsmål og svarene.

Deltager: Hvad betyder penge for dig?

R: Hvad er dit første svar?

D: Sikkerhed.

R: Sikkerhed, hvordan er penge sikkerhed?

D: Hvis du har det, sikrer du din nutid og din fremtid.

R: Interessant synspunkt. Er det sandt, er det virkeligt? Hvis du har dine penge i banken og den går bankerot? Hvis du har dine penge i et hus og det brænder ned den dag, du glemte at betale din forsikring, har du så sikkerhed?

D: Nej.

R: Der er kun en sikkerhed, du har og det er ikke penge, der skaber den. Sikkerheden er i sandheden af dig som menneske, en sjæl, som en af lys. Og derfra skaber du. Du som power, som energi. Som power, som energi har du den eneste sikkerhed, der findes. Hvis du levede i Californien, ville du vide, at der ikke findes nogen sikkerhed, fordi alt under dine fødder bevæger sig. Men her, på østkysten anser du jorden for at være sikker, men det er den ikke. Det, som du kalder verden, er ikke et massivt sted, det er energi. Er disse vægge massive? Selv jeres videnskabsfolk siger nej, at molekylerne bare bevæger sig mere langsomt og at det er derfor, de synes at være massive.

Er du massiv? Sikker? Nej, du er rummet mellem en masse molekyler, du har skabt og formet til en tilsyneladende massiv masse. Er det en sikkerhed? Hvis du kunne sikre dine penge, kunne du så tage dem med dig, når du dør? Kunne du klare at få en ny krop og komme tilbage og få dem i det næste liv? Så er det virkelig sikkerhed, du køber med penge, betyder det virkelig sikkerhed eller er det et synspunkt, du har påtaget dig fra en anden om hvordan du skaber dit liv?

D: Så, det du fortæller mig er, at hvis jeg tænker penge, kan jeg skabe dem?

R: Ja. Ikke hvis du tænker det, men hvis du ER det!

D: Hvordan bliver jeg penge?

R: For det første, skal du have visionen for dit liv og det gør du ved "Jeg er kreativitet". Du er kreativitet som en vision. Du er "Jeg er power", som energi. Du er "Jeg er bevidsthed", som en præcis viden om, at verden vil blive, som du ser den. Og du er "Jeg er kontrol", ikke en særlig interesse i hvordan du kommer derhen, men en bevidsthed om at universet vil dreje tandhjulet for at virkeliggøre din vision, hvis du bibeholder din power og du bibeholder din bevidsthed i overensstemmelse med hvad du gør. Så, hvis du har disse fire elementer på plads, kan du blive "Jeg er penge".

Og du kan bruge disse, du kan sige, "Jeg er power, Jeg er bevidsthed, Jeg er kontrol, Jeg er kreativitet, Jeg er penge". Og brug dem hver morgen og hver aften, indtil du bliver penge, indtil du bliver kreativitet, indtil du bliver bevidsthed, indtil du bliver kontrol, indtil du bliver kreativitet, indtil du bliver power. Det er sådan, du bliver penge. "Jeg er" delen af det. Fordi det er sådan, du skaber dig selv nu. Ser du, hvis du skaber dig selv, fra det synspunktet " Jeg opnår sikkerhed ved at få penge", hvad er det? Det er en tidssekvens, en fremtid, ikke sandt?

D: Ja.

R: Så du kan aldrig opnå det.

D: Skal man altid være i nutid?

R: Ja! "Jeg er" placerer dig altid i nuet. Så, hvilket andet synspunkt har du om penge, hvad det betyder for dig?

D: Altså, sikkerhed var min vigtigste, for de andre ville være hjem og fremtid. Men, hvis jeg havde sikkerhed, ville mit hjem være sikker og min fremtid ville være sikker. Så det handler i virkeligheden om …

R: Virkelig? Er det virkelig sandt?

D: Nej, nej, nej, det er det ikke. Jeg forstår, hvad du lige har bragt mig igennem som mit første behov for sikkerhed.

R: Ja, godt.

D: Jeg forstår "Jeg er'erne".

R: Ja. Er der nogen andre, der har et synspunkt, som de gerne vil have klarhed omkring?

D: Lykke.

R: Lykke, penge køber dig lykke, hva'?

D: Det tror jeg.

R: Virkelig, har du penge i din lomme?

D: Ikke mange.

R: Er du lykkelig?

D: Åh, mmm.

R: Så penge købte ikke lykke til dig, gjorde de?

D: Nej.

R: Det er korrekt, du skaber lykke, du skaber glæden i dit liv, ikke penge. Penge køber ikke lykke, men hvis du har det synspunkt, at penge køber lykke og du ingen penge har, hvordan kan du så have lykke? Og den fordømmelse, der kommer ind efter det er "Jeg har ikke nok penge til at være lykkelig". Og selv, når du har flere, har du stadig ikke nok penge til at være lykkelig. Forstår du pointen? Hvordan har du det med det?

D: Det er som om, jeg bare altid er glad, selvom jeg ingen penge har, men at vide, at jeg skal betale en eller anden på torsdag og at jeg ikke har pengene, sætter mig som regel i et dårligere humør.

R: Åh, der var det, nu kommer vi ind til det - tid. Hvordan skaber du penge?

D: Med et job, ved at arbejde.

R: Det er et interessant synspunkt. Du mener, du kun kan modtage ved at arbejde?

D: Det er det, jeg har oplevet.

R: Så, hvilket synspunkt kom først, ideen at du er nødt til at arbejde hårdt for at få penge eller oplevelsen?

D: Ideen.

R: Ok. Du har skabt det, har du ikke?

D: Jo.

R: Så, du er ansvarlig for det; du har skabt din verden præcis som din tankeverden er. Smid din hjerne væk. Du har skabt din virkelighed præcist som dit tankemønster er. Smid hjernen ud, den er i vejen for dig! Du tænker, at du ikke bliver rig, du bliver begrænset. Den tankeproces kommer i vejen og du bliver begrænset, du har begrænset dig selv i forhold til hvad du vil opnå og hvad du vil få. Du har altid været i stand til at skabe glæde, har du ikke?

D: Jo.

R: Det er kun regningerne, der kommer i vejen, ikke sandt?

D: Jo.

R: Fordi det du gør er, at du tænker, du har en vision om penge, om hvordan dit liv vil se ud, ja?

D: Ja.

R: Så, find en vision af det nu. Hvordan føles det? Let eller tungt?

D: Let.

R: Og når du er i letheden, ved du så, at du vil betale alt hvad du skylder

D: Vil du sige det igen?

R: I letheden, ved du så, som en bevidsthed, at du altid vil betale alt hvad du skylder?

D: Ja.

R: Ved du det? Du har fuldstændig bevidsthed og sikkerhed omkring det?

D: At jeg skal betale alle, jeg skylder.

R: Nej, ikke at du skal, men at du vil gøre det.

D: Ja, jeg det tror jeg, jeg vil.

R: Åh, interessant synspunkt, jeg tror, jeg vil. Hvis du tror, du vil betale det, har du så virkelig lyst til at betale det eller har du modstand på det?

D: Jeg har modstand på det.

R: Ja, du har modstand på det. Ja, du har modstand på at betale? Hvad er formålet med modstand?

D: Det kan jeg ikke sige dig.

R: Hvad ville være det underliggende synspunkt for ikke at have lyst til at betale? Hvis du havde penge nok, ville du så betale regningen?

D: Ja.

R: Så, hvad er det underliggende synspunkt, der ikke er udtrykt?

D: At jeg er bekymret for penge, at jeg ikke har lyst til at betale. At du ikke har nok, ikke sandt?

D: Ja.

R: Ja, det er det uudtrykte synspunkt, det er det, du ikke kan se på, der bringer dig i problemer. Fordi det er det sted, du har skabt fra, det synspunkt, at der ikke er nok overhovedet. Så, har du skabt det som din virkelighed, at der ikke er nok?

D: Ja.

R: Er det et sted, du kan lide at fungere fra?

D: Jeg forstår ikke, hvad du siger.

R: Kan du lide at fungere fra "ikke nok"?

D: Ja.

R: Så hvad er værdien af at vælge "ikke nok"?

D: Der er ingen.

R: Det må der være, ellers ville du ikke vælge det.

D: Har vi ikke alle den frygt?

R: Jo, I har alle den frygt, at der ikke vil være nok og I fungerer alle fra visheden om, at der ikke vil være nok, hvilket er grunden til at I leder efter sikkerhed og grunden til I leder efter lykke og grunden til I leder efter hjem og grunden til I leder efter fremtiden, når I i virkeligheden har skabt hver eneste fremtid I nogensinde har haft. Hver fortid, nutid og hver fremtid er skabt af jer selv. Og I har gjort det upåklageligt arbejde med at skabe det præcist, som I tænker det. Hvis I tænker, der ikke er nok, hvad skaber I så?

D: Ikke nok.

R: Præcist, så der vil ikke være nok. Så lykønsk dig selv for at have udført sådan et godt stykke arbejde, du har gjort et upåklageligt, fantastisk arbejde med at skabe "ikke nok". Tillykke, I er meget dygtige og strålende skabere.

D: Skaber ingenting.

R: Åh, nu har du skabt gæld, har du ikke?

D: Ok, det er rigtigt.

R: Du har været meget god til at skabe gæld, du har været meget dygtig til at skabe "ikke nok", du har været meget god til at skabe nok til at nære dig selv og give dig selv tøj, ikke sandt? Så du har gjort et fremragende stykke arbejde af hele den del af at skabe. Så hvad er det for et synspunkt, du ikke skaber ud fra? Ingen begrænsning, ingen begrænsning.

D: Kræver det ikke en masse øvelse?

R: Nej, det kræver ikke nogen øvelse.

D: Virkelig, gør vi det konstant?

R: Ja, alt hvad du skal gøre er at VÆRE "Jeg er kreativitet", visionen af dit liv. Hvordan har du lyst til at dit liv skal se ud? Hvordan ville det være, hvis du kunne skabe det på en hvilken som helst måde, du valgte? Ville du være millionær eller ville du være fattig?

D: Millionær.

R: Hvordan ved du, at det er bedre at være millionær end at være fattig? Hvis du er millionær, kunne nogen komme og stjæle alle dine penge, hvis du er fattig, vil ingen stjæle dine penge. Så, du ønsker at være millionær? Med hvilket formål? Hvorfor ville du ønske at være millionær? Hvilken værdi er der ved at være millionær? Det synes at være en god idé, men det ser kun sådan ud, ikke?

D: Ja, det er en god idé.

R: Det er en god idé, ok. Godt. Så lad os have lidt sjov her. Luk dine øjne, se et billede af en hundrede kroners seddel i hånden. Riv den nu i små stykker og smid den væk. Åh, det gjorde ondt.

Klassen (Latter).

R: Få et billede af en tusinde kroners seddel og riv så den i stykker og smid den væk. Det gjorde mere ondt, ikke?

D: Jo.

R: Nu tager du ti tusinde kroner og brænder dem, smid dem på ildstedet. Interessant, det var ikke så svært at smide ti tusinde kroner på ildstedet, var det? Ok, smid nu hundrede tusinde kroner på ildstedet. Smid nu en million kroner på ildstedet. Smid nu ti millioner kroner på ildstedet. VÆR nu ti millioner kroner. Hvad er forskellen mellem de ti millioner kroner på ildstedet og at være de ti millioner kroner?

D: Det føles meget bedre.

R: Godt, så hvordan kan det være, at du altid smider alle dine penge på ildstedet?

Klasse: (Latter)

R: Du smider altid dine penge ud og du bruger dem altid, som en måde at forsøge at være lykkelig, som en måde at forsøge at overleve. Du tillader ikke dig selv at skabe så meget, at du føler, du er penge, at du er villig til at være penge. Villighed til at være penge er at være en million kroner eller at være ti millioner kroner. At være det, det er kun energi, det har ingen virkelig signifikans, med mindre du giver det signifikans. Hvis du gør det signifikant, gør du det tungt. Hvis det er signifikant, bliver det gjort massivt og så har du fanget dig selv. Din verdens kasse er de parametre ud fra hvilke du skaber din begrænsning. Bare fordi du har en større kasse, betyder det ikke, at det er mindre begrænsning, det er stadig en kasse. Du forstår pointen.

D: Ja.

R: Kan du lide pointen?

D: Ja.

R: Godt.

D: Det er stadig svært. (Latter)

R: Se det er et interessant synspunkt, det er svært at være penge, hva'?

D: Ja.

R: Så kig på det synspunkt. Hvad skaber du med det synspunkt?

D: Jeg ved det godt, jeg begrænser ting.

R: Ja, du gør det svært, massivt og realt. Hold da op, hvor har du gjort et godt stykke arbejde med det. Tillykke, du er dygtig og en strålende skaber.

D: Disse to magiske ord, Jeg Er.

R: Jeg er penge, jeg er power, jeg er kreativitet, jeg er kontrol, jeg er bevidsthed. Ok, er der nogen andre, der har et synspunkt, de gerne vil have forklaret?

D: Du kan tjene dem uden at arbejde for det?

R: Du kan tjene dem uden at arbejde for det. Der er to interessante begrænsninger. For det første, hvordan tjener du penge, har du en pengepresse i baghaven?

D: Nej.

R: Og uden at arbejde for det, hvad er arbejde for dig?

D: En lønseddel.

R: Er arbejde en lønseddel?

D: Ja.

R: Så, du sidder hjemme og indkasserer sådan en?

D: Nej, jeg går på arbejde.

R: Nej, arbejde er for dig noget du hader at gøre. Mærk ordet *arbejde*, mærk det. Hvordan føles det? Føles det let og luftigt?

D: Nej.

R: Føles elendigt, hva'? (Latter) Arbejde, er det arbejde at kigge ind I din krystalkugle?

D: Nej.

R: Jamen, så er det ikke mærkeligt, at du ingen penge tjener. Du ser ikke, det du gør, som arbejde, gør du?

D: Jeg ved ikke rigtigt hvad jeg laver endnu.

R: Interessant synspunkt. Hvordan kan du være "Jeg er bevidst" og ikke vide, hvad du laver? Hvad er den underliggende antagelse der? Hvad er et underliggende synspunkt, du fungerer ud fra? Er det "Jeg er bange"?

D: Nej, jeg forstår det ikke.

R: Du forstår ikke hvad? Hvis du tvivler på din evne, kan du ikke kræve betaling. Korrekt?

D: Det er ikke, at jeg tvivler på det. Det er at jeg ikke forstår det. Jeg ved ikke, hvad jeg ser.

R: Godt, så gør dig fri af din hjerne, forbind dig med dine guides og lad bolden rulle for dig. Du forsøger at tænke dig igennem det og regne det ud fra dit synspunkt. Et medium gør ikke andet end at være der og lade billederne komme og slippe sig selv fri fra hjernen og munden og lade det flyde. Kan du gøre det?

D: Ja, det gør jeg.

R: Og du gør det rigtig godt, når du lader det ske. Det er kun, når du kobler dit hoved ind i ligningen, at du skaber en manglende evne. Det uheldige for dig er, at du ikke stoler på det, du ved. Du anerkender ikke, som det uendelige væsen, du er, at du har adgang til al den viden, der er i hele universet. Og at du er en rørledning for opvågning af kosmisk bevidsthed. Virkeligheden er at du lever i frygt … frygt for succes, frygt for power og frygt for dine evner. Og for hver af jer, under jeres frygt er der vrede, intens vrede og raseri. Og hvem er I ophidsede på? Jer selv. I er vrede på jer selv over at modtage det og at vælge at være begrænsede væsener, de begrænsede væsener, I er, for ikke at stå i gudskraften storhed, den storhed I er, men at fungere fra den begrænsede størrelse af jeres krop, som om den er skallen af al eksistens. Ekspander dig selv og bevæg dig væk fra den og ikke i vrede, men i den store og strålende undren over din evne til at skabe. Kreativitet er vision. Har du visioner?

D: Ja.

R: Viden som bevidsthed, viden er visheden om at du er forbundet til din egen power. Har du det?

D: Ja.

R: Og kontrol, er du villig til at overgive den til de kosmiske kræfter?

D: Hvis jeg lærer hvordan.

R: Du behøver ikke at lære hvordan, du skal være "Jeg er kontrol". Det du ser uden for dig selv, kan du ikke få. "At lære hvordan" er den måde hvorpå du skaber svækkelse og du placerer værdien af tid i din ligning for præstation, som om den virkelig eksisterer. Du ved alt, der vil være i fremtiden og alt hvad der var i fortiden, lige nu. Der er ingen tid andet end det, du skaber. Hvis du vil flytte dig selv, skal du flytte dig fra synspunktet af "Jeg er kontrol" ved at give slip på behovet for at tænke dig frem til hvordan du kommer fra punkt A til punkt B, hvilket er "hvis jeg lærer". Det er at gå fra punkt A til punkt B. Du forsøger at styre processen og styre selvets skæbne væk fra formindskelse . Du kan ikke opnå det derfra. Forstår du?

D: Ja.

R: Er du villig til at se på din vrede?

D: Ja.

R: Så kig på den. Hvordan føles det?

D: Forkert.

R: Og hvor mærker du det, i hvilken del af din krop?

D: I mit bryst.

R: Så tag det nu og skub det 1½ meter ud foran dig, fra dit bryst. Skub det ud. Godt. Hvordan føles det nu? Tungt eller let?

D: Det føles ikke særlig tungt.

R: Men det er 1½ meter fra dig, ikke sandt? Så det er din vrede, er den virkelig?

D: Ja.

R: Er den? Interessant synspunkt. Det er bare et interessant synspunkt, det er ikke virkeligt. Du har skabt det, du er skaberen af alle dine emotioner, du er skaberen af hele dit liv, du er skaberen af alt hvad der sker for dig. Du skaber og hvis du vil have tid med i din ligning, så gør det i 10 sekunders intervaller. Ok, så vi vil give dig en valgmulighed her. Du har ti sekunder til at leve resten af dit liv eller du bliver spist af en tiger. Hvad vælger du?

D: (ikke noget svar)

R: Din tid er ude, dit liv er ovre. Du har ti sekunder til at leve resten af dit liv, hvad vælger du? At være en seer eller ej? Du valgte ikke, dit liv er forbi. Du har ti sekunder til at leve resten af dit liv, hvad vælger du?

D: At være.

R: Ja, at være, vælg noget. Mens du vælger, sådan skaber du dit liv, så vælg at være det medium, du er, vælg at være læseren af krystalkuglen i ti sekunds intervaller. Hvis du skal se ind i din krystalkugle nu og du kigger ind i den og du får et billede i disse ti sekunder, kan du så svare på, hvad det er?

D: Ja.

R: Rigtigt, det kan du. Nu er den livstid ovre, du har 10 sekunders liv, hvad vil du vælge? Billedet og bolden og snakken eller ikke noget valg?

D: Billedet og bolden.

R: Godt, så vælg det, vælg det hver eneste gang. For hver ti sekunder vælger du igen, vælger igen, få dig selv i gang. Du skaber dit liv i ti sekunds intervaller. Hvis du skaber det i noget andet end ti sekunds intervaller, skaber du ud fra forventningen om fremtiden, der kommer eller fra begrænsningen fra fortiden, baseret på din oplevelse, med den idé at det vil skabe noget nyt, når du fastholder det samme synspunkt. Er det noget under, at dit liv stadig viser sig på samme måde? Du vælger ikke noget nyt, gør du? Øjeblik for øjeblik vælger du "Jeg har ikke nok, jeg vil ikke arbejde". Vi vil anbefale nogle ord til dig, som du skal <u>eliminere</u> fra dit ordforråd. Der er fem ord, du skulle eliminere fra dit ordforråd. Et: ordet *ønsker (want-noget man mangler)*. *Ønsker* har 27 definitioner, der betyder "at mangle". Du har haft tusindvis af år med det engelske sprog hvor ordet *ønsker* betyder *"at mangle"* og du har haft mere end en livstid med at tale engelsk. Og i denne livstid, hvor mange år har du brugt ordet *ønsker* som om du troede, du skabte et ønske? I virkeligheden, hvad har du så skabt? Ønske, mangel; du har skabt mangel. Så du er en rigtig god og strålende skaber, lykønsk dig selv.

D: (Griner).

R: Spørgsmål to: *brug for*. Hvad er brug for?

D: Mangel.

R: Det er begrænsningen i at vide, at du ikke kan *få* alt hvad du har lyst til. Og brug for vil altid efterfølges af grådighed, fordi du vil forsøge at få.

Spørgsmål tre: og så kommer vil til *at prøve*. *At prøve* er aldrig at opnå noget, at *prøve* er ikke at træffe et valg, *at prøve* er at gøre ingenting. Spørgsmål fire: så har vi *hvorfor*. Og hvorfor er altid grenen i vejen og du vil altid komme tilbage til begyndelsen.

D: Det kan jeg ikke se.

R: Lyt til en to årig engang og du vil forstå det.

D: (Latter). Du får aldrig et svar.

R: Spørgsmål fem: Men. **Når du siger** "men" modsiger du dit første udsagn, "Jeg vil gerne afsted, men jeg har ikke råd". Ok, vær ikke "have brug for". "Jeg har brug for er at sige "Jeg har ikke". "Jeg ønsker" er at sige "Jeg mangler". "Jeg prøver" er at sige "Jeg gør ikke". "men jeg ", så må du hellere klappe dig selv på numsen, hva'? Næste spørgsmål.

KAPITEL TRE

Hvilke tre emotioner har du, når du tænker på penge?

Rasputin: Ok, så hvem har lyst til at være frivillig til det næste spørgsmål?

Deltager: Nummer tre?

R: Nummer tre. Ja. Hvad er spørgsmålet?

D: Hvilke tre emotioner har jeg om penge?

R: Hvilke tre emotioner, ja. Hvilke tre emotioner har du om penge?

D: Øhm…

R: Tre emotioner, når du tænker på penge.

D: Det første der kom op, kunne jeg ikke ret godt lide, men det var frygt.

R: Frygt? Ok. Så, hvilket antaget synspunkt ville du være nødt til at have for at have frygt omkring penge?

D: Altså, jeg fortolker det som anderledes, øh, fortolker det på en anden måde, at jeg frygtede dets fravær, som…

R: Ja. Det er derfor emotionen er der, du frygter fraværet af det, fordi den grundlæggende antagelse er…

D: Jeg har brug for det.

R: Skriv det ned.

D: Og riv det i stykker.

R: Skriv det ned og riv det i stykker.

D: Jeg vil stille dig et forfærdeligt spørgsmål.

R: Okay.

D: Okay, jeg går ned til forretningen, de har brug for, de ønsker noget tilbage for det jeg vil tage fra dem (Latter).

R: Ønske, ønske, hvad er at ønske?

D: (Latter)

R: De mangler, ja, *at ønske* betyder *at mangle*. Det er det andet beskidte ord, du skal eliminere. Men, du tager til forretningen for at?

D: Okay, mad.

R: Ok. Så du tager til forretningen for at få mad, hvad får dig til at tro, at du *har brug* for at spise?

D: Du laver pjat. Altså, jeg ved, at jeg *har brug* for.

R: B*rug for*? Skriv det ned igen.

D: *Ønsker.*

R: Skriv det ned og smid det væk også. *Brug for* og *ønsker* er ikke tilladt.

D: Men du bliver sulten.

R: Virkelig? Træk energi ind i din krop, allesammen, tilfør energi. Ja, føler du dig sulten? Nej. Hvorfor spiser du ikke mere energi og mindre mad?

D: Det ville være rigtig godt i en periode, fordi jeg kunne tabe noget vægt, men det ville begynde at gøre ondt. (Latter).

R: Præcis sådan. Du får nok energi derinde, du kunne være en gigantisk ballon.

D: Hvad med mine venner, der kommer over, inklusive de to mennesker, der overnatter i mit hus lige nu?

R: Så, hvem sagde du skal fodre dem? Hvordan kan det være, de ikke kan bidrage til dig?

D: Det gør de.

R: Frygten er at du ikke vil modtage. Frygten er, at penge kun virker en vej og det er væk fra dig. Når du mærker frygt, skaber du *behov* og *grådighed*.

D: Okay.

D: *Behov* er i virkeligheden ud af *frygt*, hr?

R: Ja, om frygt, frygt bringer *behov* ind og *grådighed*.

D: Virkelig?

R: Ja.

D: Hold da op, du har ret. Jeg tror, jeg lige har indset en anden ting, som er er et grundlæggende trossystem eller at det ikke virkelig var en god ting.

R: Ikke en god ting at modtage.

D: Ikke en god ting at have for meget af.

R: Ikke en god ting at modtage.

D: Ok. Eller at modtage fra andre.

R: At modtage, punktum.

D: ok.

R: Fra hvor som helst. Ok. Hvad nu ... hvis du er i frygt, er du uvillig til at modtage, fordi du tror, at du er et bundløst hul og der hvor du lever er et dybt, mørkt hul. Frygt er altid hullet inden i dig, det er et bundløst sted. Frygt laver behov ud af dig, grådighed og du bliver et røvhul i processen. Ok?

D: Ok.

R: Næste emotion.

D: Lyst til mere.

R: Lyst, åh ja. Åh ja, altså lyst – hvad er det? Du går ud og vrikker med hofterne for at få mere?

D: (Latter) Jeg vidste, det ikke var det bedste.

R: Lyst vil sige, og automatisk har du "få mere". Læg mærke til få mere, en mangel der følges med frygt.

D: Du ved, ikke bare for at få flere penge men …

R: Få mere, punktum. Penge har intet at gøre med virkeligheden af, hvad du oplever. Penge er emnet, hvor du skaber en virkelighed af intethed, af ikke nok, af *behov*, *brug for*, *ønske* og *grådighed*. Og det er det samme for alle på dette plan. Det er hvor denne verden har fungeret.

I har et godt eksempel på det i det I kalder jeres 80'ere og det har været en sandhed i denne verden siden dengang, hvor I besluttede, I besluttede alle sammen, at penge var en nødvendighed. En nødvendighed. Hvad er en nødvendighed? Noget du ikke kan klare dig uden og overleve uden. I som væsener har millioner af livstider og I kan ikke engang huske, hvor mange penge I havde eller hvor mange penge I brugte eller hvordan I gjorde det. Men I er her stadigvæk og I overlever stadigvæk. Og hver af jer var i stand til at nå til et sted, hvor I forstår mere om det.

Funger ikke fra den antagelse, at det er en nødvendighed. Det er ikke en nødvendighed. Det er din vejrtrækning, det er hvad du er, du er totaliteten af penge. Og når du mærker dig selv som penge og ikke som en nødvendighed, er du ekspansiv. Og når du mærker dig selv som en nødvendighed, i forhold til penge, formindsker du dig selv og du stopper flowet fa energi og penge. Og din tredje emotion?

D: Glæde.

R: Åh! altså glæde på hvilken måde? Glæde når du giver dem ud, glæde når du har dem i lommen, glæde når de er på vej, glæde fordi det er penge? Kan du bare se på en pengeseddel og være glæde?

D: Nej.

R: Hvilken del af det bringer glæde for dig?

D: At vide at visse ting kan opnås eller gøres.

R: Så penge bringer glæde?

D: Altså, jeg brugte det forkerte ord, øh...

R: Hvordan kommer glæde fra penge?

D: Det kommer ikke nødvendigvis fra det overhovedet.

R: Så hvordan føler du glæde i forhold til penge? Når du har tilstrækkeligt? Når du har overflod af det? Når du føler sikkerhed?

D: Ja, sikkerhed.

R: Sikkerhed. Interessant synspunkt.

D: Men der findes ikke noget som sikkerhed.

R: Altså, det er der. Der er sikkerhed. Der er sikkerhed i at vide og være bevidst om sig selv. Det er den eneste sikkerhed, der findes, den eneste sikkerhed, du kan garantere er, at du vil gå igennem denne livstid og du vil forlade denne krop og du vil have muligheden for at prøve igen, for at være et væsen i mere overflod i denne verden. Men, glæden er inden i dig, du er glæden, du får den ikke fra penge. For at være glad, kræves det at være glad, det er det hele. Og du er glad bortset fra når du vælger at være trist. Ikke sandt?

D: Sandt.

R: Er der nogen andre, der har emotioner, de ønsker at tale om?

D: Altså jeg har, jeg vil gerne gå lidt mere ind i det med frygt.

R: Ja.

D: Fordi jeg har givet en enorm mængde energi på emotionen frygt.

R: Ja.

D: Og bag frygten, under frygten er der altid vrede.

R: Ja, lige præcis. Og hvad er du virkelig vred over. Hvem er du vred på?

D: Mig selv.

R: Lige præcis. Og hvad er du vred over?

D: At mærke tomheden.

R: Ikke at tage din power.

D: Øhm, mmm.

R: Ikke at være dig i hele totaliteten. Kan du mærke det?

D: Rigtig meget.

R: Mærk i din krop, hvor din frygt og vrede er.

D: Ja.

R: Vend det nu i den anden retning. Hvordan føles det?

D: Lettelse.

R: Ja, og det er den måde, du slipper af med din frygt og vrede for at skabe mere rum til dig. Fordi, hvis du ser på dig selv, er der ikke noget frygt i dit univers overhovedet, er der?

D: Nej.

R: Og den eneste vrede du kan udtrykke er imod andre, fordi din virkelige vrede handler om dig selv og hvor du har nægtet at være hele sandheden af din energi. Så kan du være den power, du er, den energi du er? Så giv slip på det, stop med at holde fast i det. Sådan der. Puha, lettelse, hva'?

D: Ja.

R: Altså, du skal øve dig på den her, ikke?

D: Jo.

R: Fordi du har formindsket dig selv, ligesom alle andre i dette rum, kontinuerligt i milliarder af år, for ikke at være selv, ikke være power. Og du har gjort det for at mase din egen vrede. Interessant, ikke? Vrede mod sig selv. Og der er ikke en af jer her, der ikke er vrede på jer selv for ikke at tillade jer selv at være totaliteten af den power, I er. Nå, det opløste lige nogle ting. Ok, er der nogen andre, der ønsker at snakke om emotioner?

D: Jeg vil gerne snakke om frygt igen, fra mit synspunkt. Når jeg går ind i frygt, er det en sammentrækning, en lukken ned.

R: Og hvor mærker du det?

D: I mit solar plexus.

R: Godt. Så vend det udad, vend det udad. Sådan, på den måde. Hvordan føles det nu?

D: Tårevædet.

R: Godt. Og hvad er der under tårerne?

D: Vrede.

R: Vrede. Ja, der, den ting, du har bundet sammen i en lille knude derinde. Du har skjult det godt, hva'? Tror du. Ok, ikke lade vreden komme ud, ikke lade den komme ud i sin helhed. Mærk vreden, lad den komme ud af dig. Ja, der, det er det. Læg nu mærke til forskellen og ekspansionen. Mærker du det?

D: Ja, det føles rigtig godt.

R: Ja, det føles rigtig godt. Det er både sandheden om dig, du ekspanderer dig som et væsen uden for din krop, der ikke har kapaciteten til at være forbundet til dette sted overhovedet. Mærk, mens du giver slip på vreden, virkeligheden af at forbinde dig fuldstændigt med dig selv, ikke som en spirituel entitet, men som en sandhed af selvet. Der er en rolighed og en fred, der kommer over dig, når du gør det i sandhed. Lad det komme ud i helheden. Sådan, der.

D: Jeg gør det, jeg har det.

R: Du mærker, det er tilliden til hvem du er, det er power. Det andet er at skaffe sig af med den.

D: Det er som, det føles ligesom at komme ind i mig selv.

R: Lige præcis sådan. Det er at være fuldstændigt forbundet, fuldstændigt bevidst og i kontrol. Hvordan føles kontrol fra dette sted?

D: Det føles meget anderledes fra den anden kontrol.

R: Ja, det andet er et forsøg på at kontrollere din vrede, er det ikke?

D: Det er det vel.

R: Altså, i den sidste ende forsøger du at kontrollere din vrede, fordi sandheden er, at du ikke giver dig selv lov til at skinne. Der er fred, der er rolighed og der er storslåethed indeni. Men du presser det ind under vrede. Siden du tror, at vrede ikke er passende, formindsker du dig selv. Og du kan prøve at kontrollere alt andet omkring dig som en måde at gemme det for dig selv. Den du er vred på er selvet. Vær i fred med selvet. Sådan, lige der. Kan du mærke det?

D: Ok.

R: Ja, det er det. Og det er dig. Mærk din energi ekspandere sig.

D: Åh, det er så anderledes.

R: Ekstremt. Ja, det er det, dynamiske dig, det er hvem du virkelig er. Ok.

D: Og det er det sorte og jeg tror, at jeg har noget kontrol over det og jeg …

R: Ok.

D: Jeg ved også, at jeg har noget ude af kontrol omkring det på dette punkt.

R: Så hvor mærker du mørket?

D: Jeg synes at tro, at jeg går ind i det fremfor at det går ind i mig, det er jeg ikke sikker på.

R: Hvor mærker du det? Er det udenfor dig? Er det indeni dig? Luk dine øjne, mærk mørket. Hvor mærker du det?

D: Jeg tænker i den nedre del af maven og så lader jeg det omslutte mig.

R: Godt. Så hvordan tænker du for at mærke? Det er i din hjerne …

D: Okay, det virker.

R: … at du oplever mørket? Og hvad det er, fornemmelsen af at der ikke er noget andet end mørke forbundet med penge. Og at på en eller anden måde har dette mørke at gøre med det onde og derfor er modtagelse af det absolut ikke tilladt. Der, kan du mærke det skift? Vend det, ja der. Gør det hvidt, der, mærk din krone åbne sig op. Ja, og nu kan det, som du kalder mørket flyde ud. Og hvad er virkeligheden af dig i nuet. Læg mærke til forskellen i din energi. Du har givet slip på ideen, følelsen af det onde som en virkelighed, fordi det ikke er en virkelighed. Det er bare et interessant synspunkt. Ok? Nogen andre emotioner?

D: Jeg tror, min dominante emotion om penge er ambivalens.

R: Ambivalens? Ambivalens, ja. Hvad er ambivalens? Hvor mærker du det?

D: Jeg mærker det i mit solar plexus og i mine nedre chakraer.

R: Ja, ambivalens handler om det ubevidste på dette plan. Og at penge tilhører noget, som du ikke forstår. Kan du mærke et skift i dine nedre chakraer?

D: Ja.

R: Det er resultatet af at forbinde dig med det faktum, at du er bevidsthed og som bevidsthed er du penge, som bevidsthed er du også power og alle chakraer er til energi, som er dig. Sådan, eksisterer ambivalens stadig for dig?

D: Nej.

R: Godt. Ok, er der andre emotioner?

D: Jeg har en.

R: Ja.

D: Jeg føler væmmelse og skam.

R: Rigtig gode emotioner, væmmelse og skam. Hvor mærker du det henne?

D: Jeg tror, jeg mærker det …

R: Tænker du følelser?

D: Nej. I min mave og mine lunger.

R: I din mave og dine lunger. Så, for dig er penge at trække vejret og at spise. Skam, vend det udad, flyt det ud af din mave. Ja, du mærker det, du mærker energien af at dit mavechakra åbner sig?

D: Ja.

R: Godt. Og hvad er din anden emotion?

D: Væmmelse.

R: Væmmelse i dine lunger. Væmmelse fordi du skal kvæles for at få det. Du skal kvæle dig selv for at få penge set fra dit synspunkt. Er det en virkelighed?

D: Ja.

R: Er det?

D: Nej, nej, nej.

R: Ok.

D: Jeg genkender det som et væsen …

R: Hvordan du fungerer?

D: Ja.

R: Godt. Så vend dit åndedræt og udånd det hele. Godt, så indånd penge. Godt og udånd skam. Og indånd penge gennem hver eneste pore i din krop og udånd væmmelse. Ja, hvordan føles det, lidt mere frit?

D: Ja.

R: Godt. Er der nogen andre, der ønsker at tale om emotioner?

D: Frygt.

R: Frygt, hvilke andre emotioner?

D: Angst og lettelse.

R: Penge giver dig lettelse?

D: Ja.

R: Hvornår?

D: Når det kommer til mig.

R: Øh, interessant synspunkt. Angst og frygt, lad os tage dem først fordi de er det samme. Hvor mærker du frygt og angst? I hvilken del af din krop?

D: Min mave.

R: Mave. Ok, skub det ud fra din mave, 1½ meter ud foran dig. Hvordan ser det ud for dig?

D: Slimet og grønt.

R: Slimet?

D: Ja.

R: Ja. Hvad er årsagen til at det er slimet og grønt?

D: Fordi jeg ikke kan kontrollere det.

R: Åh, interessant synspunkt, ingen kontrol. Ser du, du er ikke "Jeg er kontrol", er du? Du siger til dig selv, "Jeg kan ikke kontrollere, Jeg er ikke kontrol". Det er den underliggende antagelse hvorfra du fungerer. "Jeg er ikke i kontrol, Jeg er ikke kontrol". Så, har du skabt frygt og angst rigtig godt?

D: Ja.

R: Godt, du er en dygtig og storslået skaber, godt klaret! Lykønsker du dig selv med din kreativitet?

D: Med skam, ja.

R: Åh, interessant synspunkt. Hvorfor med skam?

D: Fordi jeg ikke vidste bedre.

R: Ja, men det er ligegyldigt, om du vidste bedre. Det der betyder noget er at du nu forstår, at du er skaberen og du har gjort et fantastisk arbejde med at skabe, hvilket betyder, at du kan vælge anderledes og du kan skabe et anderledes resultat.

52

D: Det kræver disciplin.

R: Disciplin? Nej.

D: Med held.

R: Nej, med power! Du er energi som power, "Jeg er power, Jeg er bevidsthed, Jeg er kreativitet, jeg er kontrol, jeg er penge" Ok? Det er den måde du skaber forandring, ved at blive det "Jeg er" som du er, i stedet for det "Jeg er" som du har været. Begynd at se på hvor du har skabt det synspunkt af tyngde & fastlåshed omkring penge og hvad det føles som. Når du mærker en kropsdel blive påvirket af det, så spørg dig selv, "Hvad er det underliggende synspunkt, som jeg fungerer ud fra, som jeg ikke engang ser? " Og tillad dig selv at have svaret. Og giv så lov til, at det svar bare er et interessant synspunkt alligevel.

Og hvad kan jeg vælge nu? Jeg vælger "Jeg er kreativitet, Jeg er bevidsthed, jeg er kontrol, jeg er power, jeg er penge". Hvis du skaber "Jeg er ikke," hvis du skaber "Jeg kan ikke," vil du ikke være i stand til det. Derudover, lykønsk dig selv med hvad du har skabt og gør det med god og storslået begejstring. Der er ikke noget galt med det du har skabt bortset fra din egen fordømmelse af det. Hvis du var en posedame på gaden, ville det så være en bedre eller en værre skabelse end den du har lige nu?

D: Værre.

R: Interessant synspunkt.

D: Ikke hvis du ikke vidste det.

R: Det er rigtigt, ikke hvis du ikke vidste det. Nu ved du, at du har valget, du kan skabe. Så hvad sker der, hvis din nabo inde ved siden af fortæller dig, at du ikke får betaling i denne uge, fordi "jeg tager alle dine penge til at betale for det hegn, du har smadret"?

D: Det er et interessant synspunkt.

R: præcist, et interessant synspunkt. Det er alt, hvad det er. Hvis du vælger at gøre modstand eller reagere imod det, gør du det massivt og så vil naboen tage dine penge.

D: Så, hvad du siger til os er, at hvis en eller anden kommer op med det negative …

R: Med et hvilket som helst synspunkt om penge.

D: Ok, det er et interessant synspunkt.

R: Ja, mærk energien, når du gør det.

D: Okay, og så ind i "Jeg er'erne"?

R: Ja.

D: Jeg har det. Lyset er gået op for mig.

R: Og når du føler dig påvirket på din krop af et bestemt synspunkt, en angst eller frygt, hvad handler det så om?

D: At man skal tage det ud og skubbe det væk fra sig.

R: Ja. Og når du mærker angst eller frygt i din mave, så snakker du om ikke at blive næret tilstrækkeligt?

D: Nej.

R: Taler du om ikke at blive næret? Så, hvad snakker du om? Kroppen er det du taler om. Du mærker penge som en funktion af din krop som om den er en tredimensional virkelighed. Er penge en tredimensional virkelighed?

D: Nej.

R: Nej, det er det ikke, selvom du prøver at gøre det sådan. Kig på dine synspunkter omkring penge, det er sikkerhed, det er et hus, det er regninger, det er mad, det er ly, det er tøj. Er det sandt?

D: Altså, det er det, du køber med det.

R: Det er det du <u>køber</u> med det, men du gør det af valg, gør du ikke?

D: Åh, nødvendighed.

R: Det er det, du vælger i de ti sekunder. Nødvendighed, hva'? Interessant synspunkt. Vælger du det tøj, du har på af nødvendighed?

D: Ja.

R: Gør du?

D: Ja, det gør jeg.

R: Du vælger det ikke, fordi det er pænt eller det får dig til at se godt ud?

D: Det meste af tiden er det for at holde mig varm.

R: Og hvad med om sommeren, når du har bikini på?

D: Cool, og så ser jeg godt ud. (Latter).

R: Godt, så du foretager valg, ikke af nødvendighed, men ud fra hvad du gerne vil mærke, ikke sandt? Mærke?

D: Ja, men, behøver du....

R: Men! Smid det ord ud.

D: Bradrr. (Latter). Du er nødt til at skulle have sko og du har stadig ...

R: Hvordan kan det være, at du er nødt til at have sko, du kan gå barfodet.

D: Måske men ...

R: Selvfølgelig kan du det.

D: Jeg har brug for dem, det er koldt derude.

R: Har brug for, hva'?

D: Undertøj og strømper ...

R: Brug for, hva'?

D: Du skal have.

R: Siger hvem? Hvordan ved du, at du ikke kan snakke med din krop og bede den om at gøre dig varmere?

D: Så hvad med ...

R: Du, som væsen, har ikke engang brug for en krop?

D: Altså, det ville være cool.

R: Det er cool.

Klasse: (Latter).

R: Ja?

D: Altså, du skal have mad, du har sko på.

R: Vi går ikke med noget. Gary går med sko, men det er fordi han er et skvat, han vil ikke gå i sneen uden dem.

Klasse: (Latter).

R: Han synes, det er koldt.

D: Det er det også.

R: Altså, det er et interessant synspunkt. Du skulle prøve Sibirien, hvis du vil have kulde.

D: Og dine børn, når de er sultne?

R: Hvor mange gange har du ladet dine børn blive sultne?

D: Nogle gange.

R: Og hvor længe var de sultne?

D: Om aftenen.

R: Og hvad gjorde du?

D: Fik penge fra min far.

R: Du skabte, gjorde du ikke?

D: Jo.

R: Lykønskede du dig selv med dine kreative evner?

D: Altså, jeg takkede min far.

R: Se det er at skabe. At skabe, kreativitet er bevidstheden om selvet. Vær "Jeg er kreativitet," vær "Jeg er bevidsthed," vær "Jeg er power," vær "Jeg er kontrol," vær "Jeg er penge." Du kæmper imod; *"men," "brug for," "hvorfor," "du skal," "det er en nødvendighed,"* er alle synspunkter af *"Jeg kan ikke få"* og

"Jeg fortjener ikke." De er de underliggende steder, du fungerer fra. Disse er de synspunkter, der skaber dit liv. Er det der, du gerne vil skabe fra?

D: Ok, jeg kan se det i alle aspekter med penge.

R: Ja, men penge fordi du ser penge som anderledes. Hvad ser du penge som – roden til alt ondt?

D: Ja.

R: Hvis synspunkt er det? I virkeligheden, er det ikke dit eget, det er et du har købt ind i. Djævlen fik mig til det, hva'? Ser du, det er en virkelighed, at du skaber det som anderledes, som ikke værende en del af din kreativitet.

D: Så hvis du siger alle de her til dig selv "Jeg er 'er," vil det putte penge i min lomme?

R: Det vil begynde at komme ned i din lomme. Hver gang du har tvivl, filer du løs på det fundament, du skaber. Lad os sige det på den her måde, hvor mange gange har du sagt, "Jeg vil have penge"?

D: Hver dag.

R: Hver dag. Jeg vil have penge. Du siger, "Jeg mangler penge." Hvad har du skabt?

D: Men er det sandt.

R: Så er det sandt? Nej, det er bare et interessant synspunkt. Du har skabt præcist, hvad du har sat: Jeg vil have penge. Altså, du gjorde det på et ubevidst plan, MEN du skabte.

D: Hvad så, hvis jeg ville vinde i lotteriet?

R: Hvis du *"manglede"* at vinde i lotteriet, er det præcist, hvad du ville skabe – mangel på at vinde I lotteriet.

D: Det er poweren ved opfattelse, siger du.

R: Poweren af dine ord, din bevidsthed skaber virkeligheden i din verden. Vil du have en enkel øvelse? Sig "Jeg vil ikke have penge."

D: Kan vi vælge noget andet i stedet for?

R: Sig "Jeg vil ikke have penge."

D: Jeg vil ikke have penge.

R: Sig "Jeg vil ikke have penge."

D: Jeg vil ikke have penge.

R: Sig "Jeg vil ikke have penge."

D: Jeg vil ikke have penge.

R: Sig "Jeg vil ikke have penge."

D: Jeg vil ikke have penge. Det lyder negativt for mig.

R: Virkelig? "Jeg mangler ikke penge" er negativt?

D: Men, vi vil have penge.

R: Du vil ikke have penge!

R: Det er rigtigt. Jeg vil ikke have penge. Mærk energien af det, mærk hvordan du har det, når du siger, "Jeg vil ikke have penge." At ville have betyder at mangle, du bliver ved med at forsøge at holde fast i definitionen. Jeg er penge. Du kan ikke være "Jeg har penge," du kan ikke have noget, du ikke er. Du er allerede kreativitet som "Jeg vil have penge" og på den måde har du skabt en overflod af mangel, har du ikke?

D: Jo.

R: Godt, så du kan sige nu, "Jeg vil ikke have penge"?

D: Jeg vil ikke have penge (Gentaget mange gange.)

R: Mærk nu energien, du er lettere. Så mærk det?

D: Ja, jeg er svimmel.

R: Du er svimmel, fordi du har skabt en nedbrydning af strukturen på din realitet, sådan som du har skabt den. I har det alle; sig det til jer selv og mærk, at I bliver lettere og der er mere latter i jeres liv, mens I siger "Jeg vil ikke have penge"

D: Kan du sige "Jeg er rig"?

R: Nej!! Hvad er rig?

D: Glæde.

R: Virkelig? Tror du Donald Trump er lykkelig?

D: Nej, ikke penge lykkelig.

D: Åh, penge styrer hvad vi skal gøre.

R: Det er et interessant synspunkt, hvor har du fået det fra?

D: Fordi …

R: Hvor har du hentet det synspunkt?

D: Jeg fik tanken ved at tænke at …

R: Se, det er den der tænke ting, der bringer dig i problemer. (Latter). Føltes det godt?

D: Nej.

R: Nej, det føles ikke godt, det er ikke sandt. Hvis du siger "Jeg er rig," føles det så godt?

D: Det ville føles godt.

R: Åh, interessant synspunkt – det ville føles godt? Hvordan ved du det, har du været rig?

D: Altså, jeg havde penge da jeg ...

R: Har du været rig?

D: Nej

R: Nej. Kan du være rig?

D: Ja.

R: Virkelig? Hvordan kan du være rig, når du kun kan sige "Hvis jeg var"? Forstår du, du kigger på fremtiden og en forventning om det og hvad det skulle være, ikke hvad det er.

D: Det er, det er som at have en chef, der vil betale dig og du er nødt til at gøre, som han siger for at ...

R: Har du en chef, der betaler dig?

D: Ikke i dette øjeblik men ...

R: Det er ikke sandt, du har en chef, der betaler dig og hun betaler dig ikke ret godt, fordi hun ikke tager nogen penge for det hun laver. Det er dig, skat! Du er chefen. Skab din forretning, skab dit liv og lad det komme til dig. Du lukker dig selv inde i skabet og siger, "Jeg kan ikke, Jeg kan ikke, jeg kan ikke" Hvem skaber det synspunkt? Hvad sker der, hvis du siger, "Jeg kan og jeg forstår," i stedet for, "Jeg kan ikke og jeg forstår ikke"? Hvad sker der med din energi? Mærk din energi.

D: Jeg sidder bare fast i det synspunkt, at børnene ikke kan få mad uden penge.

R: Hvem sagde, at du ville være uden penge? Det gjorde du, du antog, at du ikke ville have nogen penge med mindre du lavede noget, du hader. Hvor tit ser du på arbejde som sjov?

D: Aldrig.

R: Det er det synspunkt; det er det underliggende synspunkt. Og alligevel, siger du at dit job er at arbejde med krystalkuglen. Så du ser aldrig dig selv, som en, der har det sjovt. Elsker du det du laver?

D: Ja.

R: Så, hvordan kan det være, hvis du elsker hvad du laver, at du ikke kan give dig selv lov til at modtage?

D: Jeg ved ikke nok endnu, jeg har brug for mere information.

R: Du har ikke brug for mere information, du har ti tusinde livstider til din rådighed som krystalkugle læser (sandsigerske). Hvad skal du nu lære derudover, åh, lort?

Klasse: (Latter).

R: Afsløret, afsløret, du har ikke nogen steder at gemme dig nu.

D: Så jeg læste, hvad jeg så i kuglen og det var upræcist og jeg følte mig som et røvhul.

R: Ja. (Latter) Hvordan ved du, at det var upræcist?

D: Altså…….

R: Altså?

D: Det ved jeg ikke.

R: Så, kommer de tilbage?

D: Det ved jeg ikke.

R: Og når du gør det for den næste person og du gør det rigtigt, vil vedkommende så komme tilbage?

D: Ja, jeg er nødt til at sige ja.

R: Så, hvordan kan det være, at du ikke allerede ved det? Hvem lyver du overfor?

D: Hvad?

R: Hvem lyver du overfor?

D: Det er, det er …

R: Hvem lyver du overfor? Hvem lyver du for?

D: Jeg sværger over for dig, jeg ved ikke, hvad jeg ser.

R: Det er ikke sandt, det er ikke sandt. Hvordan kan det være, at du har kunder, der kommer tilbage til dig, som synes…

D: Jeg fik fat i det rigtige.

R: Ja, du fik fat i det rigtige. Hvad får dig til at tro, at du ikke får fat i det rigtige hele tiden? Hvor mange kunder har du, der ikke kommer tilbage til dig?

D: Ingen.

R: Hold da op, det er en hård sag, denne her. Hun kræver en masse overbevisning, gør hun ikke? Hun vil helt klart sikre sig, at hun ingen penge har og ingen overflod og ingen velstand i hendes liv. Interessant chef du har. Ikke alene betaler du ikke dig selv ret godt, du anerkender ikke engang dig selv for at have nok gang i forretningen. Siden det at vide, at du gør det godt, har skabt flere kunder til dig, der kommer tilbage igen og igen. Hvor mange kunder ville det kræve i forøgelse for at give dig overflod i dit liv?

D: Måske tredive mere om ugen.

R: Godt, så kan du tillade tredive mere at komme ind i dit rum?

D: Ja, ikke noget problem.

R: Ikke noget problem?

D: Ikke noget problem.

R: Er du sikker?

D: Ja, jeg er sikker på det.

R: Godt, så kan du tillade dig selv at have hundrede tusinde af kroner? En million kroner?

D: Ja.

R: Ti millioner dollars?

D: Ja.

R: Godt, du har ændret dig lidt nu, mange tak, vi er alle sammen meget taknemmelige. Du er en skaber, en virkelig god og strålende skaber. Lykønsk dig selv for hver gang du afslutter en læsning, som du elsker. Og gør dit arbejde fra kærlighed, vær ikke arbejde, vær sjov. Du har det sjovt med det, du gør, du har ikke arbejde. Arbejde føles som lort, sjov er sjov og du kan gøre det for evigt. Du skaber, det det er, ikke nogen andre. Du kan tanke benzin og have det sjovt, du kan gøre toiletter rene og have det sjovt, du kan vaske vinduer og have det sjovt. Og du bliver betalt for det og du vil have en dejlig og strålende fremgang. Men, kun hvis du har det sjovt med det. Hvis du ser det som arbejde, har du allerede skabt det som noget, du hader. For det er hvad dette plan handler om: arbejde er trængsler, vanskeligheder og smerte. Interessant synspunkt, hva'?

D: Hvad så hvis du ikke ved, hvad du gerne vil lave?

R: Men det gør du.

D: Det gør jeg, men før, jeg vidste det ikke før jeg blev ført hen til det.

R: Og hvordan blev du ført hen til ballet? Du tillod dig selv at forbinde intuition og syns og du bad kosmos om at matche din vision og give dig, hvad du ønskede. Du skabte en vision, du havde dit væsens power, den viden som bevidsthed, visheden om at det ville ske og kontrollen til at lade universet bringe det til dig. Så, du har allerede de fire elementer til at være "Jeg er penge." Forstår du det?

KAPITEL FIRE

Hvordan føles penge for dig?

Rasputin: Godt. Så næste spørgsmål, hvem ønsker at melde sig frivilligt til næste spørgsmål?

Deltager: Det vil jeg gerne.

R: Ja. Hvad er det næste spørgsmål?

D: Hvordan føles penge for dig?

R: Ja, lige præcis, hvordan føles de.

D: Så det er anderledes end de emotioner du har omkring penge?

R: Tja, ikke nødvendigvis.

D: Jeg sagde, "Åh, godt."

R: Så, hvordan føles penge for dig?

D: Lige nu føles det meget forvirrende.

R: Det er ligesom forvirring. Føler du, at denne forvirring om penge er en emotion?

D: En emotion og en tanke.

R: Ja, det er en tilstand

D: Ja.

R: så, kan du huske da vi talte om det, som var svimmelhed?

D: Ja.

R: Åbnede du dit kronechakra og tillod det at flyde ud? Forvirring er et "billede" der er skabt om penge. Hvilken antagelse ville du være nødt til at have, for at have forvirring? Du ville være nødt til at antage, at du ikke ved. Så antagelsen vil være "Jeg ved ikke og jeg burde vide".

D: Det er derfor, jeg føler mig forvirret.

R: Det er rigtigt. Jeg ved ikke, jeg burde vide. Det er disse modsatrettede synspunkter, der skaber forvirring og de er blot interessante synspunkter. Mærk skiftet, når du siger dette om hver enkelt af dem? Jeg burde vide, jeg ved det ikke. Interessant synspunkt at jeg ikke ved. Interessant synspunkt at jeg burde vide. Interessant synspunkt at jeg ikke ved. Interessant synspunkt at jeg burde vide. Hvordan føles din forvirring nu?

D: Tja, bortset fra at jeg ………

R: Selvfølgelig.

D: For mig ser det meget uvirkeligt ud lige nu, forstået på den måde og set fra det perspektiv at penge og energi, power og kreativitet i den reneste form står meget klart, når jeg ikke beskæftiger mig med penge og hvor jeg ikke behøver at have nogen.

R: Hvad er det for en antagelse, du fungerer ud fra?

D: At der er nogle uforståelige virkeligheder.

R: Lige præcis.

D: Det er problemet.

R: Det er ikke problemet, det er den antagelse du fungerer ud fra, som automatisk fortæller dig, at det er anderledes end din virkelighed. Din antagelse er, at den fysiske virkelighed ikke er det samme, som den spirituelle virkelighed og den virkelighed du oprigtigt er. Denne renhed eksisterer ikke på dette plan, så du kan aldrig bringe denne renhed til dette plan

D: Det er rigtigt.

R: Det er antagelser, de er falske informationer, som du har skabt din virkelighed ud fra.

D: Hmm, Det er også forvirrende pga. det faktum, at det ser ud til, at der er andre væsener, der har forskellige virkeligheder og det ser ud til, at der ikke er forvirring for andre folk omkring dette. Folk selv, andre folks synspunkter, folk på min vej, folk i butikker.

R: Og hvad er det ved *det,* du taler om? At der er andre virkeligheder? At folk har forskellige virkeligheder? Ja, der er nogle…….

D: Fra et andet synspunkt og at……

R: Er der nogle her, der ikke kan identificere sig med, hvad hun har sagt? De har alle det samme synspunkt som du.

D: Mener du, at de alle er forvirrede?

R: Ja. De tror alle sammen, at du ikke kan virkeliggøre det at bringe den spirituelle verden ind i den fysiske virkelighed og enhver mand på gaden har præcis det samme synspunkt. Og kun dem der ikke køber dette synspunkt og ikke antager at det er fuldstændigt umuligt, har mulighed for at skabe og selv de er kun i stand til at skabe deres virkelighed i begrænset omfang.

Hvis du kun fokuserer dit liv på at tjene penge og dit eneste mål i livet er at blive som Donald Trump eller Bill Gates - det er lige meget, det er det samme billede. Samme person, anderledes krop, samme person. Deres liv handler om at tjene penge, alt hvad de foretager sig handler om penge. Hvorfor har de brug for at tjene så mange penge? Fordi de ligesom dig tror, at de løber tør i næste uge.

D: Det er ikke bare et spil for dem?

R: Nej, det er ikke kun et spil for dem. De fungerer ud fra et synspunkt om, at der ikke er nok og de vil aldrig have nok, lige meget hvad de gør. Det er blot en anderledes standard, det er alt, hvad det er.

D: Så det du siger er at disse mennesker ikke føler en hvis form for frihed i deres formuer?

R: Du tror Donald Trump har frihed?

D: I en vis grad, tror jeg.

R: Virkelig? Han har mulighed for at køre rundt i en limousine, giver det ham frihed eller er han nødt til at have bodyguards til at beskytte ham fra alle omkring ham, der prøver at tage hans penge fra ham? Giver det ham frihed at have 27 mennesker, der prøver at få penge ud af ham hver dag?

D: Det giver en illusion af frihed.

R: Nej. Det giver dig illusionen af, at det er frihed. Du tror, det er frihed. Du tror kun, at dette er frihed, fordi du ikke selv har det. Han er ikke mere fri end du er, han har blot flere penge at bruge på ting, han ikke har brug for. Tror du, det gør ham til end større sjæl, at han har flere penge?

D: Nej, sikkert ikke.

R: Gør det ham til en mindre sjæl?

D: Nej.

R: Åh, interessant synspunkt I har der (griner). I tænkte det alle sammen. I havde bare ikke modet til at sige det, " hmm, det gør ham værre, fordi han har flere penge."

D: JA, du har ret

R: Ja, det er hvad du tænkte, du sagde det ikke, men det var det, du tænkte.

D: Tja, det får nogle mennesker til at kontrollere alt omkring ham.

R: Virkelig? Ja, han kontrollerer, han kontrollerer solen, månen, stjernerne, han har fuldstændig kontrol over de ting.

D: Men kontrollerende mennesker er ikke ....

R: Åh, kontrollerende mennesker, så det er din standard for storhed.

D: Nej, nej, nej det er ikke min standard. Vi taler om Gates og hans erhvervelser og Trumps og hans erhvervelser, for at fastslå hans kontrol

R: Er han i sandhed kontrol?

D: Nej. Jeg.....

R: Eller er han styret af sit behov for penge? Hans liv er totalt begrænset af nødvendigheden i at skabe flere og flere og flere penge, fordi det er den eneste måde, han kan føle sig tilstrækkelig på.

D: Men jeg tror også, at han, med den energi han lægger ud absorberer.... **R:** Okay du har et ord i dit ordforråd, som du skal have fjernet

D: Hvad?

R: Men.

D: Men?

R: Men. Hver gang nogen fortæller dig noget kommer der et "men" ud (Griner).

D: Dette er sandt for? ...

R: Det er sandt for mange af jer, de fleste af jer, at hver gang I får en bid information, starter I med det samme med at skabe det modsatte synspunkt, fordi I ikke er enige, eller det ikke passer ind i jeres verden. Fordi du ikke er enig, eller at det ikke passer ind er fordi det er modstanden fra din side bare at tillade det at være eller fordi du reagerer imod det. Når alt kommer til alt, er det jo bare et interessant synspunkt at denne mand er styret af penge.

D: Det er hvad jeg ønskede at sige, men jeg ...

R: Nej, du har et andet synspunkt, som et interessant synspunkt, det er alt hvad det er.

D: Ja, jeg er ved at lære det.

R: Det er uden værdi. Hver gang du har en overvejelse omkring penge, skaber du en begrænsning for dig selv! For dig selv! OG hver gang du fortæller andre om dine synspunkter, skaber du en begrænsning for dem. Ønsker du at skabe frihed? Så vær frihed. Frihed er uden overvejelser overhovedet. Hvordan ville verden se ud, hvis du manifesterede alt af lyset med lethed, glæde og herlighed, uden nogle overvejelser om begrænsninger overhovedet. Hvis du havde ubegrænsede tanker, ubegrænsede muligheder og ubegrænset "allowance", ville der være graffiti, ville der være hjemløse, ville der være krig, ville der være ødelæggelser, ville der være snestorme?

D: Så, hvad er forskellen, ville der ikke være noget vejr?

R: Hvis du ikke havde nogle overvejelser omkring snestorme, ville der være vejr, der behøvede ikke at være snestorme. Lyt til dit tv-apparat, når tiden nærmer sig hvor sneen sætter ind hvor du bor, Ja så manifesterer de det ved at fortælle om hvor voldsom stormen bliver i 1999 stormen, den anden storm I 1999, bliver en endnu større og storslået snestorm her og den bliver ødelæggende, så du må hellere tage til supermarkedet og købe mere ind med det samme. Hvor mange af jer køber dette synspunkt og starter med at skabe jeres liv fra det?

D: Ikke indkøbene, jeg kunne tilbringe eftermiddagen i parken.

R: Du købte synspunktet, det er hvad vi taler om. Du besluttede øjeblikkeligt at dette var sandt. Lyt ikke til dit tv-apparat, afskaf dem eller se udsendelser der er totalt tomhjernede (griner). Se "Anders And" (Griner)

Se tegnefilm, flere interessante synspunkter omkring dem. Hvis du lytter til nyhederne, bliver du meget deprimeret og du får rigtig mange ideer omkring hvad penge er. Okay så hvor var vi? Okay lad os lige gå tilbage her. Forvirring, så nu forstår du det omkring forvirring?

D: Nej.

R: Okay. Så hvad mere ønsker du at vide her? Du skaber forvirringen.

D: Hvem er jeg? Er jeg en krop? Er du her? Er der en anden her? Er der en virkelighed? Er der nogen forskel? Hva´ fanden er eksistens? Er du, eller er alting, ren energi uden separation imellem skaberen, sjælen og bevidsthed at det er det, er det, er det, er det? Der er ikke noget at sige om noget, så alle de lidelser og al den sorg og al den illusion og al den separation og al forvirringen - åh, hvad er det? Hvad?

R: Skabelse.

D: Ja.

R: Du har skabt ….

D: Så på dette niveau skaber vi noget, som mennesker, der er en kreation, som egoet, der er en kreation, anser for at være noget, der hedder penge og lokation, hvilket er en skabelse, som betyder at hvis vi er på Wall Street, eller vi gentager den Amerikanske historie fra 1996 i New York City, så er vi enige om at du og de andre eksisterer sammen. Jeg forstår det ikke.

R: Hvorfor forstår du det ikke?

D: Alle andre er dig og du er alle andre.

D: Det er noget………Jeg forstår det ikke.

R: Du skaber dig selv, som en separation, du skaber dig selv, som anderledes, du skaber dig selv som svækket og du skaber dig selv, som vrede.

D: Jeg er så frustreret.

R: Ja, men det er virkelig vrede, der er nedenunder

D: Åh, ja.

R: Fordi du føler dig magtesløs, det er den grundlæggende antagelse du fungerer ud fra og det er altid den grundlæggende antagelse af forvirring. Enhver form for forvirring er baseret på ideen om, at du ingen power og muligheder har.

D: Men jeg ved ikke.

R: Det gør du.

D: Jeg føler, jeg ikke gør.

R: Se på dit liv, se på dit liv, hvad har du skabt. Startede du ud med et storslået pengebeløb? Startede du ud med et palads og mistede det hele?

Eller skabte og skabte du og blev forvirret omkring det og begyndte at tvivle og begyndte at føle dig magtesløs omkring, hvordan du skulle gøre, eller hvordan man styrer det og så begyndte det hele at forsvinde fra dig fordi du skabte forvirring og fordi du skabte tvivl om dig selv? Ja det er den retning dit liv tog, men intet af det, er sandheden om dig. Du, som et væsen har total magt til at kunne skabe dit liv og du kan og du vil og det vil opstå på en mere storslået måde end du nogensinde kan forestille dig. Men det må komme fra dig med tillid til det og det gælder for jer alle. Tro på dig selv, tro på at du ved, at det er dig, der har skabt den virkelighed, der eksisterer nu og bevidstheden om at du er villig til at ændre den, at du ikke ønsker at være på denne måde længere. Det er alt hvad der skal til, villigheden til at lade det være anderledes.

D: Så hvis livet forandrer sig betyder det så at det er forvirret bevidsthed der skaber flere Bosnien-konflikter og hjemløse mennesker? Hvad bliver der af bevidstheden, hvad med de mørke væsener, som jeg måske har skabt eller andre dele af mig, der har været så adskilt fra synspunkter, som jeg ser på fjernsynet, eller de hjemløse på gaden, så hvor fører det hen, hvis jeg siger, "Nå, men det er ikke i min virkelighed, det tror jeg ikke på, det vælger jeg ikke mere"

R: Det er ikke et spørgsmål, ser du, du gør det fra modstand.

D: Ja.

R: Ja? Hvis der skal opstå forandring er du nødt til at fungere fra "allowance", ikke fra modstand, ikke reaktion, ikke tilpasning eller afstemning. "Allowance" er….

D: Jeg er villig til at tillade det, jeg vil bare gerne forstå hvor….

R: Du fungerer fra modstand, fordi du prøver at forstå noget som egentlig ikke eksisterer. At andre mennesker af deres egen fri vilje og valg også skaber fra noget, der ikke eksisterer, en fortsættelse af accept, tilpasning eller enighed, reaktion eller modstand. Disse er de funktionelle elementer i din verden; du, for at ændre det skal du fungere fra "allowance". Hver gang du er i "allowance", forandrer du alle omkring dig. Hver gang nogle kommer imod dig med et powerfuldt synspunkt og du kan sige, "åh, interessant synspunkt" og være i "allowance" af det, har du forandret bevidstheden i verden, fordi du ikke har købt ind i det, du har ikke gjort det mere massivt, du har ikke indgået aftale med det, du har ikke modstået det, ikke reageret på det, du har ikke gjort det virkeligt. Du har tilladt virkeligheden at bevæge og forandre sig. Og kun "allowance" skaber forandring. Du må give dig selv lov til lige så meget som du tillader andre ellers har du" købt butikken" og må betale for det med dine kreditkort.

D: Så, bliver det til fuldstændig fredsommelighed for verden?

R: Bestemt ikke. Lad os gøre dette, hvis I allesammen lige tænker over dette et minuts tid. Så **D** du bliver forsøgskaninen her, er det ok? Godt. Du har 10 sekunder tilbage til at leve resten af dit liv, hvad vælger du? Dit liv er overstået, du tog ikke et valg. Du har 10 sekunder til at leve resten af dit liv, hvad vælger du?

D: Jeg vælger ikke at vælge

R: Du vælger ikke at vælge, så kan du se at du kan vælge hvad som helst.

Hvis du begynder at indse, at du kun har 10 sekunder at skabe ud fra, så er 10 sekunder alt, hvad det tager at skabe en virkelighed. 10 sekunder, mindre end i tillid, men for nu er det disse intervaller du skal leve ud fra. Hvis du fungerer ud fra "10 sekunder" ville du da vælge glæde eller sorg?

D: Jeg ville tage sorg.

R: Lige præcis. Kan du se at du har skabt din virkelighed ud fra sorg. Når du vælger fra fortiden eller dine forventningerne om fremtiden, har du ikke taget noget valg, du har ikke levet og du lever ikke dit liv, du eksisterer som en forstenet blok af begrænsninger. Interessant synspunkt, hva?

D: Ja.

R: Okay, så hvad er dit næste svar? Nummer to på din liste af det du..... Hvad var spørgsmålet, vi har glemt?

D: Hvordan føles penge for dig?

R: Hvordan føles penge for dig, ja, tak.

D: For mig er essensen, tror jeg, på dette plan, at kæmpe i et fængsel.

R: Åh, Ja. Meget interessant synspunkt hva'? Penge føles, som at kæmpe i et fængsel. Ja og det beskriver sikkert alle i dette rum? Er der nogen der ikke kan se dette, som den virkelighed, de har skabt?

D: Kæmpe i et fængsel?

R: Ja.

D: Jeg gør ikke.

R: Kan du ikke se det?

D: En smule. Jeg forstår faktisk ikke, hvad det betyder.

R: Du kæmper ikke konstant for at få penge?

D: Nå, okay.

R: Og du føler det ikke, som et fængsel at du aldrig har nok?

D: Jeg giver op (griner).

R: Fint.

D: Vi må alle være i en lignende virkelighed.

R: I lever alle i den *samme* virkelighed. Så behøver vi overhovedet at kommentere dette?

D: Ja. Hvad med D og hans byttehandel?

R: Tja, er det ikke hans eget lille fængsel?

D: Det ved jeg ikke med sikkerhed, hvordan har du det med det, D?

D: Jo, det er.

R: Jo, det er det. Ser du, alle har deres eget synspunkt. Du ser på D, og ser hans virkelighed, som frihed men, han ser på Donald Trump som frihed. (griner).

D: Okay, du siger, behøver vi at tale om det, men hvordan hænger det her så sammen med det?

R: "Allowance". Interessant synspunkt, hva? At jeg føler mig fængslet af penge, at det føles, som et fængsel for mig? Føles det som "fløjl" for dig? Føles det som ekspansion for dig? Nej. Det føles, som formindskelse. Er det en realitet, eller er det hvad du har valgt og hvordan du har valgt at skabe dit liv? Det er hvordan du har valgt at skabe dit liv. Det er ikke mere virkeligt end væggene. Men du har besluttet at de er massive og de holder kulden ude. Og.

Sådan virker de. Så, skaber du også dine begrænsninger omkring penge med den samme slags massivitet? Begynd at fungere ud fra "allowance", det er din "billet" ud af den fælde, du har skabt. Næste spørgsmål.

KAPITEL FEM

Hvordan ser penge ud for dig?

Rasputin: Okay, næste spørgsmål, hvordan ser penge ud for dig?

D: Grøn og guld og sølv.

R: Så, de har farver, de har konformitet, de har massivitet. Så er det sandheden om dem?

D: Nej.

R: Nej, penge er blot energi det er alt hvad det er. Den form det tager i det fysiske univers, har du gjort så signifikant og med tyngde omkring dette, skaber du en tyngde i din egen verden, hvilket skaber en forhindring i at kunne få det.... Så hvis det kun er guld og sølv du ser, så må du hellere have mange halskæder på. Hvis det er grønt og du klæder dig i grønt tøj, har du så penge?

D: Nej.

R: Nej. Så du skal ikke se på penge, som en form, men, som en bevidsthed af energi, for det er med denne lethed at du kan skabe ubegrænsede mængder af overflod i dit liv.

D: Hvordan ser du energi?

R: Ligesom det du mærkede, da du trak det ind i enhver pore i din krop; det er sådan, du ser energi. Du ser energi med følesen af bevidsthed. Okay?

D: Ja.

R: Næste spørgsmål.

KAPITEL SEKS

Hvordan smager penge for dig?

Rasputin: Nu, Det næste spørgsmål. Hvad er det næste spørgsmål?

Deltager: Hvad det smager af?

R: Godt. Hvem ønsker at svare på den her? Det kunne være sjovt.

D: Penge smager, som fyldig mørk chokolade

R: Hmm, interessant synspunkt, hva'? (griner)

D: Papir, blæk og snavs.

R: Papir, blæk og snavs, interessant synspunkt.

D: Snavsede skyklapper

D: Mine smagsløg begynder at løbe i vand.

R: Ja.

D: Sødt og vandigt.

D: Glat, beskidt, marmor, stald og fersken træer.

R: Godt. Okay. Så, det smager meget interessant for jer mennesker, hva? Læg mærke til at penge smager mere interessant for jer end det føles. Hvorfor tror I, det er sådan? Fordi du har skabt det, som din kropslige funktion. For **D**, handler penge om at spise, spise chokolade, ja. Ja, kan du se, hvordan alle har interessante synspunkter om at penge smager af noget. Det er glat, interessant, det glider let henover din tunge, øh? Glider det let ned?

D: Nej.

R: Interessant synspunkt. Så hvorfor glider det ikke let ned?

D: Det sidder fast.

R: Interessant synspunkt: hårdt, klumpet, sprødt. Virkeligt interessant synspunkt du har omkring penge.

D: Men det er alle de samme synspunkter.

R: Det er alle de samme synspunkter, det handler om kroppen.

D: Selvom det virker anderledes, hun er.....

R: Selvom det virker anderledes.

D: ....hun sagde chokolade og jeg sagde bitter, men det er det samme

R: Det er det samme, det handler om kroppen; det har at gøre med din krop

D: Smagen gør.

71

R: Virkelig?

D: Ja.

R: Du kan ikke have smag uden for kroppen?

D: Ikke på en engelsk sandwich.

R: Men meningen med penge var, at penge er en funktion, som du ser, som en kropslig funktion. Du ser det, som en tredimensionel virkelighed og ikke som en virkelighed af kreation. Du ser det, som noget der er fast, reelt og væsentligt. Noget, som har smag, form og struktur. Derfor har det en speciel form for holdning, som følger med. Men, hvis det er energi, er det enkelt og med lethed. Hvis det er kroppen, er det tungt og signifikant og tungt og signifikant er der, hvor du har skabt det, er det ikke?

D: Jo.

R: Er det ikke, der hvor alle jeres synspunkter kommer fra?

D: Så, da du spurgte om smag gik vi atter ind i antagelser,

R: Antagelser. Du antog øjeblikkeligt at det var krop. Det er der, du bor, det er sådan, du fungerer. Du ved, det er glat, det er snavset, det er alle former for ting, det er bakteriefyldt. Sikken et interessant synspunkt om penge.

D: Nogle gange er det varmt og køligt.

R: Varmt og køligt? Er det virkelig det?

D: Der er ligesom en anden, det har ligesom en tillidsfaktor bag, som du holder fast i, som en guld-standard…….

R: Dette er et synspunkt, en overvejelse, som du har købt. Er det en realitet? Nej ikke mere!!! (Griner) Er der noget bag ved penge? Tag en pengeseddel frem, hvad er der bag ved den?

D: Luft.

R: Ingenting, luft!! Masser af luft, det er det eneste der er bag på den

D: Masser af varm luft.

R: Masser af varm luft, lige præcis. (Griner). Så når du lytter til folk tale om penge, skaber de det, som varm luft, taler de om det som, varm luft? Ja, men hvordan skaber de det? Det er meget signifikant, tungt og massivt, er det ikke? Det tynger dig, som et ton mursten. Er det virkeligt? Er det sådan I vil skabe det for jer selv? Godt. Så, begynd med at kigge på det, mærk det. Mærk hver gang du hører en overvejelse komme imod dig, omkring penge. Dette er en del af dit hjemmearbejde, sammen med alt det andet. Hver gang du mærker energien af en overvejelse, ide, overbevisning, beslutning, eller attitude omkring penge, mærk hvor det rammer dig i kroppen. Mærk vægten af det og

72

vend det til noget let. At vende det til noget let er kun et interessant synspunkt, det er ikke virkeligt.

Men meget hurtigt, vil du begynde at se, hvordan dit liv har skabt penge flowene i det, ud fra din egen vilje og din egen deltagelse i at købe ind i alle andres synspunkter. Hvor er du i denne konfiguration? Du er væk, du har gjort dig selv mindre, du har ladet dig selv forsvinde og du er blevet en lakaj, en slave, af det du kalder penge. Det er ikke mere sandt, end den luft du indånder er sandhed. Det er ikke mere signifikant end at tage en vejrtrækning. Og det er ikke mere signifikant end at kigge på blomsterne. Blomster bringer dig glæde. Rigtigt? Du kigger på blomsterne og de bringer dig glæde. Når du kigger på penge, hvad mærker du så? Deprimeret, der er ikke så meget der, som jeg ville ønske. Du er aldrig taknemmelig for de penge du har, er du?

D: Nej.

R: Du får en hundred krones seddel og du siger, " Åh denne her vil betale mine regninger, for pokker da, jeg ville ønske jeg havde flere (Griner). I stedet for at sige "wow, manifesterede jeg noget godt eller ej? " Du fejrer ikke det, du skaber, i stedet siger du, " ups, nu gjorde jeg det igen, tjente ikke nok." Hvad fortæller det? Hvordan manifesterer det sig i dit liv? Hvis du kigger på en regning, hvis du finder en 1 pengeseddel på vejen, du samler den op, putter den i din lomme og tænker "Wow, jeg er heldig idag." Tænker du, " Wow, gjorde jeg lige et godt stykke arbejde i at manifestere? gjorde jeg et godt job i at skabe et bedre pengeflow for mig selv? "? Nej, for det var ikke 10.000 kroner, hvilket er det du tror, du har brug for. Så er det ordet, *behøver* igen.

D: Hvad smager penge af?

R: Hvad smager det af?

D: Snavs.

R: Snavs? Ikke underligt du ingen penge har. (Griner) **D:** Sødt.

R: Sødt. Du har flere penge.

D: Godt.

R: Godt, smager godt, du får også lidt penge i din strømpe.

D: Som vand.

R: Som vand, som vand, forsvinder det hurtigt. hva? (Griner). Lige igennem blæreren. Hvilke andre synspunkter? Ingen andre, der har flere synspunkter?

D: Klamt.

R: Klamt. Hvornår var sidste gang du smagte på penge?

D: Som barn.

R: Okay, fordi du fik fortalt, som lille at det var snavset, lod du være med at putte det i din mund, fordi du købte det synspunkt at penge var klamme. Du har købt synspunktet at det ikke er godhed og at det ikke var energi, men at det var noget du skulle undgå, fordi det var beskidt, fordi det ikke gav dig godhed. Du købte dette, som meget ung og har bevaret dette synspunkt, for evigt. Kan du vælge anderledes nu?

D: Ja.

R: Godt. Tillad dig selv at have den virkelighed, at det er blot et interessant synspunkt. Lige meget hvordan penge smager. Det er ikke noget massivt, det er en energi, du er også energi. Okay? Har du skabt din verden ud fra de synspunkter om penge, du har? Er det beskidt? Er det klamt, har du begrænsede mængder af dem, fordi du ikke ønsker at være en snavset person? Nogle gange er det sjovere at være snavset, det var det i min livstid. (Griner).

KAPITEL SYV

Når du ser penge komme imod dig, hvilken retning føler du de kommer fra?

Rasputin: Okay. Så nu til det næste spørgsmål. Hvad er det næste spørgsmål?

D: Fra hvilken retning ser du penge komme fra

R: Godt. Fra hvilken retning ser du penge komme fra?

D: Forfra.

R: Forfra. Det er altid i fremtiden, hva'? Så du vil have dem på et tidspunkt ude i fremtiden, du vil blive meget rig, det ved vi allesammen.

D: Men nogen gange ser jeg det komme ud af det blå.

R: Ud af det blå er et bedre sted, men ingen steder fra, hvor er ingen steder? Ud af hvor som helst er et bedre sted at få dem til at det komme fra.

D: Hvad med alle steder fra, undtagen oppefra?

R: Altså, hvorfor begrænser du det?

D: Jeg ved det godt, men har aldrig tænkt på det.

R: Aldrig tænkt på at det var okay at regn kom som …….

D: Nej, jeg så regnen, men har aldrig tænkt på at det kom op af jorden. Dit eget pengetræ.

R: Ja, lad penge gro overalt til dig. Penge kan komme alle steder fra, penge er der altid. Lige nu, mærk energien i rummet. Du er begyndt at skabe, som penge. Kan du mærke forskellen i dine energier?

Klassen: Ja.

R: Ja, hvor ser du det komme fra?

D: Min mand.

Klassen: (griner).

R: Min mand, andre, hvor ellers?

D: Karriere

R: Karriere, hårdt arbejde. Så hvad er det for nogle synspunkter du taler om her? Hvis du er på udkig efter det fra en anden person, hvor er denne person placeret? Foran dig? Ved siden af dig? Bagved dig?

D: Bag ved mig.

R: Hvis det er din x-mand.

D: Det er det.

R: Ja, så du kigger på fortiden, med ham, for at få dit liv. Er det der du skaber fra?

S: Nej, men jeg tror.....

R: Ja, okay. Du lyver. Så, allerførst tag alle steder i dette rum og træk energi fra rummet, ind gennem forsiden af dig, igennem enhver pore i din krop. Godt, og træk det nu ind fra bagsiden af dig, igennem enhver pore i din krop. Godt. Og nu, træk det ind fra siderne af dig, igennem hver eneste pore i din krop. Og træk det nu ind nede fra, igennem hver eneste pore i din krop. Og nu træk det ind fra oven af dig, igennem enhver pore i din krop. Og nu har du energi der kommer ind alle steder fra - og penge er blot en anden form for energi, og lad den nu blive til penge, der kommer ind igennem hver eneste pore i din krop fra alle retninger.

Læg mærke til hvordan I gjorde det mere massivt, de fleste af jer. Gør det let, lad det blive energi igen, som du modtager. Og nu, gør det til penge.
Godt, det er bedre, det er sådan du *bliver* penge, du lader det flyde ind igennem enhver pore i din krop. Du ser det ikke komme fra andre mennesker, du ser det ikke komme fra andre rum, du ser det ikke komme fra arbejde, du tillader det blot at flyde ind. Og nu stop alt flow fra alle steder i din krop. Og nu ønsker vi at lade energi flyde ud fra forsiden af dig, så meget, som du kan. Lad det flyde ud, flyde ud, flyde ud. Bliver din energi mindre? Nej, den gør ikke. Mærk, energi på bagsiden af dig flyde ind, samtidig med at du lader det flyde ud forfra.

Der er ingen ende på energi, det fortsætter med at flyde; ligesom penge gør. Og nu træk energi fra alle steder igennem enhver pore i din krop. Godt, lige netop. Og nu, bemærk idet du trækker energi alle steder fra, at det samtidig flyder ud på en gang, det er ikke stagneret. Og lad det nu forvandle sig til penge og se penge flyve rundt, alle steder omkring dig. Ja, det flyder ind og ud og omkring og igennem. Det fortsætter med at bevæge sig, det er energi- ligesom dig. Det er dig, du **er** energi. Der, lige præcis.

Okay, og nu, stop flowet. Og nu, start med at flyde penge, hundredevis af kroner, til hvem, som helst i rummet foran dig. Lad det flyde ud, enorme mængder af penge, se dem modtage enorme mængder af penge, lad det flyde ud, flyde ud, flyde ud, flyde ud. Læg mærke til at du trækker stadig energi bagfra og hvis du tillader det, vil ligeså meget energi komme ind bagfra, som du lader flyde ud forfra og du ser det stadig som penge. Giver dette dig et billede af det?

Når du tænker, at du ikke har nok penge til at betale en regning med og det er hårdt arbejde at lade penge flyde ud, er det fordi du har lukket ned for bagsiden af dig og ikke villig til at modtage. Penge flyder ind, som det flyder ud, når du blokerer det med dine synspunkter om, at der ikke er nok til i morgen, har du skabt en begrænsning i dig selv. Du har kun de begrænsninger, du selv skaber. Okay, har alle forstået det?

Næste spørgsmål.

KAPITEL OTTE

I forhold til penge, føler du at du har flere end du behøver eller færre end du behøver?

Rasputin: Okay. Næste spørgsmål.

Deltager: I forhold til penge, om jeg føler " jeg har flere end jeg behøver eller færre end jeg behøver"?

R: Ja. I forhold til penge, føler du at du har flere end du behøver eller færre end du behøver?

D: Færre.

D: Jeg skal sige færre.

D: Alle siger færre.

R: Ja, det er for givet, hva? Der er *ingen* af jer, der tænker, I har nok. Og fordi du altid ser det som noget du har brug for, hvad er det så du altid vil skabe? *Mangel,* aldrig nok.

D: Men, hvad med betaling af regninger i morgen?

R: Ja. Kan du se, du kigger altid på *hvordan* du skal betale din regning i morgen, præcis sådan, tusind tak. Det handler altid om hvordan du skal betale denne ting i morgen. Har du *nok* i dag? JA!

D: Jeg er okay.

R: "Jeg er okay," Hvem er det, der siger det? Interessant synspunkt du har der, jeg er okay. Jeg er rigtig god, jeg er strålende, vil skabe meget mere for dig lige nu. Mine penge er vidunderlige, jeg elsker alle disse penge, jeg kan få alt hvad jeg ønsker mig. Tillad det at komme ind. Vær taknemmelig for at du rent faktisk har dem i dag og lad være med at bekymre dig om i morgen, i morgen er en ny dag, hvor du manifesterer nye ting. Mulighederne kommer til dig, gør de ik`?

Og nu til mantraet: "All of life comes to me with ease and joy and glory."

"Alt i livet kommer til mig med lethed, glæde og herlighed" (Klassen gentager mantraet flere gange). Godt, mærk den energi, er det ikke det samme, som "jeg er power, jeg er bevidsthed, jeg er kontrol, jeg er kreativitet, jeg er penge"?

D: Og kærlighed?

R: Og kærlighed. Men du er altid kærlighed, du har altid været kærlighed og du vil altid være kærlighed, det er givet .

D: Hvordan kan det være?

R: Hvorfor det er givet? Hvordan tror du, at du skabte dig selv fra starten? Fra kærlighed. Du kom til dette sted med kærlighed. Den eneste person du ikke giver kærlighed med lethed, er *dig*. Vær den kærlighed til dig selv og du *er* penge, du er glæde og du er lethed.

KAPITEL NI

I forhold til penge, når du lukker øjnene, hvilken farve har de og hvor mange dimensioner har de?

Rasputin: I forhold til penge, når du lukker øjnene, hvilken farve har de og hvor mange dimensioner har de? Nogen..............

Deltager: Tre dimensioner.

R: Blå og tre dimensioner, hej.

D: Multi-dimensional?

D: Grøn og to.

D: Grøn og tre.

R: Interessant, at det for de fleste af jer kun er to dimensioner. Et par af jer har multi-dimensional. Nogle af jer har tre.

D: Jeg havde et stort åbent rum.

R: Stort åbent rum er en smule bedre. Et stort åbent rum er der, hvor penge skal være, mærk energien af det. Så kan penge komme alle steder fra, kan de ikke? Og de er alle steder. Når du ser penge som store åbne rum, så er der ikke noget uhyggeligt ved det, er der? Der er ingen formindskelse af dem, de har ingen form, ingen struktur, de har ingen betydning.

D: Og ingen farve?

R: Og ingen farver. Fordi... okay, du kigger på en pengeseddel, hvad med guld? Er det grønt og har tre sider? Nej. Og hvad med sølv? Jah, det er nogle gange iriserende (perlemorsagtig), men selv dette er ikke nok. OG.. er det flydende? Har du flydende farver?

D: Nej.

R: Hvad med manden i butikken? Tja.... på hvilken måde vil du ønske at tale med ham? Du tager til butikken for at købe noget? Hvilken antagelse.......

D: Det er dyrt.

R: Ja, det er store åbne rum, men du, vi taler om at du tillader dig selv at have så mange komme til dig at du aldrig ville tænke over det. Aldrig at tænke på penge. Når du går i butikker, kigger du da på prisen på hver enkel ting, du køber og lægger det hele sammen, for at se hvor meget det er og om du har penge nok til at bruge?

D: Nogle gange er jeg bange for at åbne mit kontoudtog for mit kreditkort.

R: Lige netop. Lad endelig være med at åbne disse kontoudtog hvis du ikke vil vide hvor meget du skylder. (Griner). Fordi du ved, at du ikke har penge nok til at betale dem. Det har du helt automatisk antaget.

D: Jeg vil bare ikke se på det.

R: Vil ikke?

D: Se på det.

R: Skriv det, skriv det ned.

D: Vil, Vil, Vil.

R: Vil, Vil. Skriv det ned, gentag det. IKKE mere *Vil,* ikke mere *brug for*, det ik´ tilladt. Okay?

KAPITEL TI

I relation til penge, hvad er lettest, flow ind eller flow ud?

Rasputin: Ok. Nu til næste spørgsmål.

Deltager: I relation til penge, hvad er lettest, flow ind eller flow ud?

R: Er der en person, der har sagt at flow ind er lettest?

D: Hvis de gjorde, så ville de lyve. (Latter) Jeg ved, at jeg ikke gjorde det.

R: Ok, overvej det faktum, at du ikke ser på gælden på dit kredit kort, det er absolut ikke sandheden.

D: Jeg er ikke sikker på…

R: Jeg er ikke sikker, interessant synspunkt, hva'? Ok. Så for alle jer, ideen er at penge flyder ud, dette er den mest signifikante opfattelse du holder fast i. Det er så let at bruge penge, det er hårdt arbejde, jeg bliver nødt til at arbejde hårdt for at få penge. Interessant synspunkt ik'? Så, hvem skaber disse synspunkter? Dig!

Så mærk pengene, mærk energien komme ind i din krop. Ok, det kommer ind fra alle sider, mærk det kommer ind. Ok, nu skal energien komme ind bagfra og flyde ud forfra, lad flowet være lige. Mærkl nu at der flyder 100 kr. ud forfra og kommer 100 kr. ind bagfra. Godt. Mærk nu at der flyder tusindevis af kroner ud forfra og kommer tusindevis af kroner ind bagfra. Læg mærke til hvordan de fleste af jer føler træghed ved dette. Slap af, det er bare penge, det er ikke signifikant og du behøver ikke engang at tage penge op af lommen på nuværende tidspunkt. Lad nu millioner af kroner flyde ud forfra og millioner af kroner komme ind bagfra. Læg mærke til at det er lettere at lade millioner af kroner flyde end tusinde kroner. Det er fordi, du har skabt en signifikans om, hvor mange penge du kan have og når du kommer til millioner er der ikke længere nogen signifikans tilbage.

D: Hvorfor?

R: Fordi du ikke tænker at du vil have en million, så derfor er det irrelevant. (Latter).

D: Altså, jeg havde mere besvær med at lade penge komme ind bagfra, måske fordi jeg tænker, at jeg kommer til at gøre det.

R: Måske, men du er helt klart mere villig til at lade dine penge flyde ud end at lade dem flyde ind. Det er et andet interessant synspunkt? Nu er energien ud lig med energien ind? Ja, på en måde. Men der er ikke nogen begrænsning i energi, og der er ikke nogen begrænsning i penge, undtagen dem, du selv skaber. Du bestemmer over dit liv, du skaber det og du har skabt det via dine valg og ubevidste tanker, samt dine forudfattede antagelser som er imod dig. Du gør det fra et sted, hvor du tænker, at du ikke er powerfuld, at du ikke har nogen power og at du ikke kan være den energi du er.

KAPITEL ELLEVE

Hvad er dine tre værste problemer med penge?

Rasputin: Så, hvad er det næste spørgsmål?

Deltager: Hvad er dine tre værste problemer med penge?

R: Åh, Det er en god en. Hvem ønsker frivilligt at deltage i den?

D: Det vil jeg.

R: Okay, herovre, ja.

D: Jeg er meget bange for ikke at have nogen penge.

R: Åh ja, men vi har talt om frygt, okay? Så, behøver vi at tale mere om det? Er alle helt klar omkring det? Okay, næste.

D: Jeg vil gerne købe en masse ting.

R: Åh, interessant synspunkt, købe mange ting. Så hvad får du ved at købe mange ting? (Griner). Meget at gøre, meget at tage dig af, du fylder dit liv op med mange ting. Hvor let føler du dig?

D: Tynget, og så ser jeg mig selv give dem væk til naboer, fødselsdage.......

R: Ja. Så hvad er værdien i at købe mange ting?

D: Det er i mit blod

R: Så, hvordan kan det være, at det er en af dine overvejelser?

D: Fordi det generer mig.

R: Det generer dig at du køber?

D: Ja.

R: Godt. Så, hvordan overvinder du behovet for at købe? Ved at være power, være bevidsthed, at være kontrol og kreativitet. Og når du kommer til det sted i dig, hvor du har brug for at købe, årsagen til at du køber er, at du antager, at du ikke har nok energi. Bring energi ind i dig. Hvis du ønsker at bryde dette "købemønster", så giv penge til de hjemløse på gaden eller send det til velgørenhed eller giv det til en god ven. Fordi det du har besluttet er, at du har alt for mange penge, der kommer ind. Og så skal du sørge for at udligne dette flow fra dit synspunkt. Kan du se hvordan du gør det?

D: Ja. æææhh, Jeg har faktisk for meget flow indad.

R: Ja. Så, kan der være for meget flow indad i modsætning til flow udad? Nej, det er en skabt virkelighed. Og hvad du er, eksisterer der og hvad du antager er, at du ikke er spirituel, og at du ikke er forbundet til din gudskraft, hvis du har for meget af det. Det er lige meget, i sandhed, det der betyder noget, er de valg du tager, i den måde du skaber dit liv på. Hvis du skaber som energi, hvis du skaber som power, hvis du skaber som bevidsthed og skaber som kontrol, vil du have glæde i dit liv, hvilket er det du prøvede at opnå i første omgang. Lethed, glæde og herlighed, det er hvad du ønsker, det er hvad du er ude efter og det er der, du skal hen.

Og det er hvad du vil opnå, hvis du følger de retninger vi har givet dig denne aften. Nå, har vi dækket alle spørgsmålene?

D: Præcis den samme ting, hvis jeg har penge og jeg ligesom føler, altså, der er en anden der ikke har det og så må jeg hellere give det til dem. Og så har jeg ikke så meget, eller bekymrer mig om det...

R: Så hvad hvis du giver dem energi?

D: Give dem energi i stedet for penge?

R: Ja, det er det samme.

D: Så, når folk tigger i toget, og du bare......(Griner)

R: Nårh, og du bare.....

D: De beder om en tikrone og du bare har......

R: Har du ikke indåndet energi her i aften ?

D: Jo.

R: Har du ikke spist din daglige dosis af energi? Hvad er formålet med at spise? At få energi. Hvad er formålet med penge? At få energi. Hvad er formålet med at trække vejret? At få energi. Der er ingen forskel overhovedet.

D: Det ser helt sikkert anderledes ud.

R: Kun fordi du beslutter det og skaber det som anderledes. Antagelsen er, at der er en forskel.

D: Det er rigtigt.

R: Og når du antager dette, begynder du at skabe fra denne position, hvilket skaber mangel på penge og mangel på energi.

D: Men det virker bare ikke helt rigtigt for mig, fordi det ser ud til, at noget af det jeg antager er, at jeg er et menneske, der.....

R: Okay, det er godt nok lidt af en antagelse.

D: Tjaa, Jeg lever i den menneskelige verden, med kreationer, som brød, vand, tid og regering......

R: Så du skaber dig selv, som en krop?

D: Jeg skaber mig selv, som D I 1996, New York City, Ja.

R: Du skaber dig selv, som en krop. Er det der, du virkelig ønsker at være? Er du glad der?

D: Tjaa…

R: Nej!

D: Da jeg var ude af kroppen, var der steder der virkede meget værre, så dette virker, som et godt sted at stoppe, for at se hvordan jeg kan løse dette problem. I imidlertid var det dårligt nyt.

R: Rigtigt. Men du skaber din virkelighed, hvor du end er med dine egne synspunkter.

D: Sådan ser det ikke ud for mig, for mig skaber andre med mig, for mig eller over mig. Jeg tror ikke, jeg fuldt ud kan sige sådan, det tror jeg ikke, måske, men jeg tror det ikke.

R: Så du kontrollerer ikke, hvad vi siger?

D: Hvis du siger det sådan. Jeg mener, du og jeg er på en måde forbundet.

R: Ja.

D: ....Og alle er, men, ...og ......Paradokset er, at du er dig og det spekulerer jeg ikke over, du er et spirituelt væsen.

R: Og det er du også.

D: Og du er D (en anden deltager), og du er D, (en anden deltager) og vi deler en virkelighed sammen, vi er i New York 1996, er vi ikke? Men jeg er med jer på en måde, jeg tror ikke, jeg er jer.

R: Det er rigtigt, det er hvad vi har talt om, tror du ikke. Hver gang du tænker….

D: Jeg har et problem.

R: Du har et problem.

D: Det er rigtigt. (Griner).

R: Så smid den væk, din hjerne er en ubrugelig bunke skrot.

D: Og bare spring ud fra taget.

R: Spring ud fra taget og begynd at flyde med strømmen, som det væsen du er. Når du smider din hjerne væk og stopper dine tankeprocesser. Hver tanke har en elektrisk komponent knyttet til sig, som skaber din virkelighed. Hver gang du tænker " jeg er dette" " jeg er en krop", så er det lige præcis det du bliver. Du er ikke D, du er sandsynligvis D lige nu, men du har været millioner af andre liv og millioner af andre identiteter. Og du er stadig disse lige nu. Den største del af din bevidsthed, fra dit synspunkt er lige her, lige nu. Det er heller ikke en realitet. Når du gør dig fri fra den tanke, som din virkelighed skaber i dette øjeblik med din totale bevidsthed og begynder at se, hvor du har andre ideer og andre synspunkter og har andre menneskers holdninger, antagelser, beslutninger og ideer, begynder du at forbinde dig med de andre dimensioner, der kan give dig en større virkelighed, ud over dette plan, end noget du prøver at skabe lige nu fra dine tankeproces. Og det er, hvor du virkelig ønsker at være.

At tænke kommer i vejen for at leve, fordi det er ikke en kreativ proces. Det er en fælde.
Næste spørgsmål

KAPITEL TOLV

Hvad har du mest af, penge eller gæld?

Rasputin: Næste spørgsmål.

Deltager: Hvad har du mest af, penge eller gæld?

R: Hvad har du mest af?

D: Gæld.

D: Gæld.

R: Gæld, gæld, gæld, gæld. Interessant, alle har gæld, hvorfor det? Hvorfor er det, at du har gæld? Mærk ordet *gæld*.

D: Åh, det er tungt.

D: Ja.

R: Det føles som et ton mursten. Så du får et lille hint om, hvordan du kan løsne det op. Fordi der er sådan en tunghed omkring dig, at du har købt det synspunkt, at det er den mest signifikante ting ved dig, er det ikke? Fordi det er tungt, fordi det er signifikant, fordi det er massivt – du lægger til og lægger til, fordi du køber ideen om, at det er ok at have gæld, du køber ideen om at man skal have gæld og du køber ideen om, at du ikke kan have penge nok alligevel, uden at gøre dette. Er det virkeligt?

D: øh.....

R: Interessant synspunkt. Er det virkeligt?

D: Ja, det plejede jeg at tænke.

R: Ok, tænker du stadig dette?

D: Nej.

R: Godt. Så hvordan slipper du af med dine regninger og gæld? Ved at betale af på tidligere forbrug. Kan du lave tidligere forbrug massivt? Mærk det, føles det som gæld?

D: Ingen fordømmelser omkring det.

R: Ingen fordømmelser, præcist. Og alligevel dømmer du dig selv, signifikant, omkring din gæld, gør du ikke? Og når du dømmer dig selv, hvem er det, som sparker dig?

D: Mig selv.

R: Rigtigt. Så hvorfor er du vred på dig selv for at skabe gæld? Det skulle du også være. Du er en stor og fantastisk skaber af gæld, du er en skaber, du har skabt storslået gæld, har du ikke?

D: Åh, jo..

R: Meget storslået gæld, I guder, hvor er jeg god til at skabe gæld!

Ok, så se den storslåede skaber du er af gæld. Vær den storslåede skaber du er, til at betale af på dit tidligere forbrug. Mærk den lethed i dit tidligere forbrug, det er sådan du skaber et skift i din bevidsthed. Lethed er værktøjet, når du er let, når du er let som penge, så skaber du et bevidsthedsskift og en forandring i alle omkring dig. Og du skaber en dynamisk energi som starter med at ændre den totale energi i det område du bor i og stedet og hvordan du modtager penge og hvordan det kommer til dig og hvordan alt i dit liv fungerer. Men husk du er en stor og fantastisk skaber og alt hvad du har skabt i fortiden, er præcist hvad du har sagt det er, og alt hvad du skaber i fremtiden, vil være præcist det du skaber det til at være via de valg du tager. Ok, næste spørgsmål.

KAPITEL TRETTEN

I forhold til penge, at have et overskud af penge i dit liv, hvilke tre ting ville være en løsning til din nuværende økonomiske situation?

Rasputin: Ok, så vi har to spørgsmål mere. Ja?

Deltager: Et spørgsmål mere.

R: Et spørgsmål. Hvad er det sidste spørgsmål her?

D: I forhold til penge, for at have et overskud af penge i dit liv, hvilke tre ting ville være en løsning til din nuværende økonomiske situation?

R: Godt. Så hvem ønsker at være frivillig for denne her?

D: Det gør jeg.

R: Ok.

D: Gøre hvad jeg elsker og gør bedst.

R: Gør hvad jeg elsker og gør bedst?

D: Ja.

R: Så, hvad får dig til at tro, at du ikke kan lave det du elsker og gør bedst? Og hvad er den grundlæggende antagelse der?

D: At jeg mangler penge til at komme derhen.

R: Altså, hvad elsker du mest at gøre?

D: Jeg elsker at lave have og at heale.

R: Havearbejde og healing? Og du gør de ting?

D: Nogen gange.

R: Så hvad får dig til at tro, at du ikke får det du ønsker?

D: Øh…

R: Fordi du bruger otte timer om dagen på at gøre noget du hader

R: Hvem skabte den virkelighed?

D: Men, altså!...

R: Har de ikke brug for gartnere rundt om i denne by? Hvordan kan det være, at du ikke blev gartner, hvis du elsker at lave havearbejde?

D: Fordi jeg er i gang med at få det til at ske, men jeg….

R: Så hvad er den grundlæggende antagelse, som du fungerer ud fra? Tid.

D: Tid, ja.

R: Ja, tid.

D: Der har ikke været tid til at skabe.

R: Ja. Der har ikke været tid til at skabe. Hvad talte vi om i begyndelsen? Kreativitet, at skabe visionen. Power, at være jeg er power, du giver energien til det, du ønsker, bevidsthed om visheden om, at du vil få det. Hvor underminerer du konstant din viden om, at du vil få, hvad du ønsker? Du gør det hver dag, når du går på arbejde og du siger, "Jeg har det stadig ikke."

D: Det er korrekt.

R: Hvad er det, du skaber fra det synspunkt? Stadig aldrig at have det og i morgen, har du det heller ikke, for du har stadig det synspunkt, at du ikke har det. Og du har taget kontrol over sagen og du har besluttet, at der må være en særlig vej, der er nødvendig at følge for at nå derhen. Hvis vejen til at få dig derhen er, at du er nødt til at blive fyret for at tage det op, ved du det ikke, gør du? Men hvis du beslutter, at den eneste vej du kan gøre det på er at beholde det arbejde, du hader, fordi det vil give dig frihed til at tage derhen, hvor du har lyst til, har du skabt en afgrænsning og en vej, en måde du skal nå derhen på, hvilket ikke tillader det overskudsrige univers at sørge for din vej.

Vi vil give jeg endnu et lille udsagn, som du skal skrive ud og sætte op et sted, hvor du ser det dagligt. Her er det: **Jeg tillader det overskudsrige univers at sørge for mig med en mangfoldighed af muligheder, alle designet til at omfatte og støtte min vækst, min bevidsthed og mit glædesfyldte livsudtryk.** Det er dit mål, det er her, du er på vej hen.

R: Ok. D, hvad er det næste svar, du har?

D: Være gældfri, så jeg kan indhente mig selv og være fri.

R: Være gældfri. Hvad er den grundlæggende antagelse der? At jeg aldrig vil være gældfri og at jeg har gæld. Så hvad er det, du siger til dig selv hver dag? "Jeg har gæld, jeg har gæld, jeg har gæld, jeg har gæld, jeg har gæld, jeg har gæld, jeg har gæld." Hvor mange af jer har gæld?

D: Det har vi sikkert alle.

R: Og hvor mange af jer siger det med stort overskud og omhu? (Latter).

D: Ikke mig.

D: Omhu. (Latter).

R: Godt, så lad være med at skabe fra det. Skab fra "Jeg er penge." lad være med at bekymre dig om det, du kalder gæld, betal af på den en lille smule ad

91

gangen. I ønsker at betale det hele ned med det samme; tag 10% af alt, hvad der kommer ind og læg det sammen med din gæld. Og kald det ikke gæld overhovedet. Lyt til lyden af *debts (gæld på engelsk lyder som death altså død)*. Lyder rigtig godt, hva'? Kald det tidligere udgifter. (Latter).

D: Det vil jeg gøre!

D: Det er godt, rigtig godt.

R: Svært at sige, "Jeg er tidligere gæld," er det ikke? (Latter). Svært at sige, "Jeg er tidligere udgifter." Men, "Jeg betaler tidligere udgifter" er nemt. Kan du se, hvordan du kommer ud af gæld? Vi må heller ikke ignorere det aspekt af frihed, der er der. Det underliggende synspunkt er, at du ingen frihed har, hvilket betyder, at du ingen power har, hvilket betyder, at du ikke har noget valg. Er det virkelig sandt?

D: Nej.

R: Nej. Du har valgt din oplevelse, hver eneste oplevelse i dit liv, hver oplevelse har været om hvad? At skabe større og større bevidsthed indeni dig. Intet du har valgt i fortiden tjente andet formål end at vække dig op til virkeligheden og sandheden af dig selv og du ville ikke nå derhen i aften. Ok?

D: Kan du gentage det?

R: Intet du har gjort eller valgt i dit liv har tjent noget andet formål end at vække dig op til sandheden af dig selv, ellers ville du ikke være her i aften. Hvad siger du til det´, vi gjorde det ord for ord? (Latter). Ok. Så, dit næste synspunkt?

D: At leve et simplere liv.

R: Hold nu op for en omgang lort, det der. (Latter).

D: Jeg ved det. (Latter). Jeg vidste det, selv da jeg skrev det. (Latter)

R: Der er ingen af jer, der ønsker et enklere liv, livet er meget enkelt – du dør! Så har du et enkelt liv. (Latter) Døden er enkel; livet, livet er et over-flødighedshorn af oplevelser. Livet er et overflødighedshorn af alting, et over-flødighedshorn af lethed, et overflødighedshorn af herlighed, det er virkelig-heden og sandheden af dig. Du er ubegrænset, du er totaliteten af alt, hvad denne verden er lavet af og hver gang du <u>vælger</u> at være penge, at være bevidsthed, at være kontrol, at være power, at være kreativitet, ændrer du det fysiske plan til et sted, hvor mennesker virkelig kan leve med absolut bevidsthed, absolut glæde og absolut overflod. Ikke bare du, men hvert eneste andet væsen på denne jord er påvirket af de valg, du træffer. Fordi du er dem og de er dig. Og mens du lyser dine egne overvejelser op, idet du ikke viderebringer og begrænser andre med dine overvejelser, skaber du en lettere planet, en mere oplyst og bevidst civilisation. Og det som du ønsker, det du har ønsket dig, det der er stedet for fred og glæde vil gå i opfyldelse. Men I er skaberne af det, vær i bevidstheden af det, vær i glæden af det og bevar det.

Så igen, vi gentager, jeres værktøjer, når I mærker energien af tanker om penge komme ind over jer og I mærker dem mase sig ind, så vend dem om og få dem til at gå ud af dig, indtil du kan mærke rummet, som er dig igen. Og så ved du, at de ikke er dig og at du har skabt den virkelighed. Husk at du skaber visionen af, hvad du vil få, ved at forbinde dig med poweren, energien af det. Og ved at være bevidst om, at det er en virkelighed, der allerede eksisterer, fordi du har tænkt det. Du behøver ikke kontrollere, hvordan det kommer der og derfor vil det ske så hurtigt, som det til overflod rige univers kan levere det til dig. Og det vil det, døm ikke. Vær i taknemmelighed hver dag for hver eneste ting, du manifesterer, når du får en krone, vær i taknemmelighed, når du får fem hundrede kroner, vær i taknemmelighed når du får fem tusinde kroner, vær i taknemmelighed og det, som du kalder din gæld, kald det dine tidligere udgifter, ikke gæld. Du skylder ikke noget i livet, for der er ikke nogen fortid, der er ingen fremtid, der er kun disse 10 sekunder fra hvilke, du skaber dit liv. Sæt foran dig: "Alt i livet kommer til mig med lethed og glæde og storhed." Sig, "Jeg er power, Jeg er bevidsthed, Jeg er kontrol, Jeg er kreativitet, Jeg er penge," ti gange om morgenen, ti gange om aftenen. Sæt det et sted, hvor du ser det og del det med andre, "I tillader det til overflod rige univers at forsyne mig med mangfoldige muligheder, alle designet til at omfatte og støtte min vækst, min bevidsthed og mit glædesfyldte livsudtryk. Og vær det, for det er det sande dig.

Og så, nok for i aften. Vær penge i alle aspekter af dit liv. Vi forlader dig i kærlighed. Godnat.

ACCESS CONSCIOUSNESS®

"ALT I LIVET KOMMER TIL MIG MED LETHED & GLÆDE & HERLIGHED!™"

www.accessconsciousness.com

www.ingramcontent.com/pod-product-compliance
Lightning Source LLC
Chambersburg PA
CBHW081510200326
41518CB00015B/2451